Leo Slezynger

Chão de estrelas

Uma jornada pela regeneração da Mata Atlântica

Para minha filha Ava

Prefácio

Conheci o Leo tempos atrás, por meio de uma amiga em comum, em um almoço de domingo em um restaurante à beira mar em Paraty, no Rio de Janeiro. No trajeto de volta do passeio, a bordo de uma escuna, viemos conversando sobre projetos ambientais e sobre a Amazônia. 'Mateiro' com mais de 30 anos de viagens a trabalho pelo Brasil como consultor ambiental e de turismo sustentável, iniciei ali uma amizade com este empresário entusiasta da visão conservacionista, já que tínhamos os mesmos interesses: meio ambiente e sustentabilidade. A partir daquele dia, nossas conversas sempre giraram em torno do tema.

Certa vez, fomos jantar com um convidado especial: o então presidente da Funai Sidney Possuelo, que conheci durante a Rio-92, quando trabalhei elaborando roteiros turísticos para os convidados internacionais do evento. Leo estava interessado em financiar um documentário sobre a região do Rio Javari, na Amazônia, um dos locais mais remotos e intocados da hileia brasileira que já conheci. A ideia era de Possuelo, criador do departamento de índios isolados da Funai. Apesar da comichão em encarar junto ao Leo a proposta, o desafio era grande e o resultado incerto, já que o trabalho com comunidades tradicionais, em especial indígenas, nunca é fácil.

Na oportunidade, ponderei se não seria melhor o investimento em projetos na Mata Atlântica, um bioma que há séculos, desde a chegada dos colonizadores, sofre a pressão antrópica da ocupação e exploração de seu patrimônio natural. Um investimento nos moldes do que aconteceu na região de Paraty, sem tradição agropecuária, que desde os anos 1970 vive do turismo e, parcialmente, da pesca e da agricultura de subsistência. Talvez tenha sido plantada ali a semente do projeto Chão de Estrelas. Desde então, em sua incubada verve ambientalista, Leo vem acalentando o desejo de, mais do que manter a "floresta em pé", reconstituí-la.

É gratificante ver como um empresário de grande porte, que poderia muito bem estar em busca de mais ganhos econômicos, acumulando mais e mais, decide aplicar seus recursos pessoais neste sofrido bioma que, a mais de quinhentos anos, vem sendo exaurido e dilapidado pelo "bicho-homem", em sua eterna ganância predatória. O planeta agradece.

A meu ver, Leo é expressão do que é a tendência atual na Europa, renovada no contexto da pandemia:

o Capitalismo Verde, consequência dos impactos da mudança climática, fenômeno anunciado desde Estocolmo-72, reforçado a partir da Rio-92 e atualizado com os 17 Objetivos do Desenvolvimento Sustentável (ODS), propostos pela Organização das Nações Unidas (ONU) em 2015 visando, em especial: promover a agricultura sustentável e a disponibilidade da água potável para todos; assegurar padrões de produção e de consumo sustentáveis; tomar medidas urgentes para combater as mudanças climáticas e seus impactos; e, sobretudo, proteger, recuperar e promover o uso sustentável dos ecossistemas terrestres, gerindo de forma sustentável as florestas, combatendo a desertificação, detendo e revertendo a degradação da terra e a perda de biodiversidade.

Entre as ações do projeto Chão de Estrelas, está a adoção de Sistemas Agroflorestais (SAFs) para a progressiva formação de uma parcela de agrofloresta no espaço de sua propriedade que foi pasto no passado. Por cerca de dez anos, de 1993 a 2013, tive o privilégio de conviver com o engenheiro florestal belga aqui radicado, Jean Dubois. Fundador da Rede Brasileira Agroflorestal, da qual participei em seu Conselho Consultivo, Jean é pioneiro em sistemas agroflorestais.

No Brasil, a prática de sistemas agroflorestais está presente entre as populações indígenas desde muito antes da "descoberta" de Pindorama, a terra ou região das palmeiras, como os nativos denominavam nossa pátria. A Mata Atlântica, em sua enorme dimensão até o início da colonização, se apresentava como um conjunto de exuberantes florestas nativas e outros ecossistemas associados, cobrindo aproximadamente 1,3 milhão de quilômetros quadrados. Atualmente, restam apenas cerca de 100 mil quilômetros quadrados, algo entre 7 e 8 por cento da vegetação original (ou pouco alterada).

Por isso, cresce a importância de ações de empresários conscienciosos como Leo, uma vez que as árvores nos proporcionam um amplo leque de insumos (madeiras, plantas medicinais etc.) e serviços ambientais (sombra, proteção do solo e das águas, efeito regulador

sobre o clima etc.). A destruição em grande escala das florestas e das matas nas paisagens rurais acelera a erosão da terra, contribui para o assoreamento dos cursos d'água e aumenta a pressão humana sobre o que está sobrando deste bioma.

A adoção crescente de SAFs por agricultores familiares tem impacto direto nesse processo, ao diversificar sua produção e geração de renda com estilos de comprovada sustentabilidade. Porem, ainda é necessário concentrar mais esforços para socializar este saber com outros pequenos produtores de forma a aumentar os níveis de biodiversidade dos sistemas, e é justamente neste ponto em que projetos como a Chão de Estrelas se fazem importantes. Ao adotar os SAFS para aumentar a renda, o agricultor familiar tira proveito de suas vantagens potenciais quanto à segurança alimentar, saúde, qualidade de vida, maior envolvimento dos filhos na roça e à sua própria permanência na propriedade rural – contribuindo localmente para a regeneração florestal, um dos principais objetivos das ações de Leo.

Nesse sentido, o projeto Chão de Estrelas tem ancorado suas ações, políticas e programas em quatro grandes eixos: a sustentabilidade dos sistemas de produção, a segurança alimentar, o combate à pobreza rural e a geração de renda e de valor agregado aos produtos da agricultura familiar. Com tudo isso, pretensiosamente, quer se criar com ele um modelo para o desenvolvimento sustentável, não só mantendo a "floresta que ainda está de pé", mas recompondo e fomentando o uso sustentável dos recursos naturais, jornada em que meu amigo Leo pode contar comigo.

Roberto Mourão

O caminho mais límpido para adentrar o universo é através de uma floresta selvagem.

John Muir, naturalista

Comece fazendo o que é necessário,
depois o que é possível e, de repente,
você estará fazendo o impossível.

São Francisco de Assis

Introdução

Em meados dos anos 1990, peguei um voo a trabalho com destino a Manaus, para participar da inauguração de uma fábrica de latas de Coca-Cola. De um lado da mala, eu levava as roupas sociais que precisaria usar no evento e, do outro, boné, protetor solar, botas de caminhada e a reserva em um hotel de selva, onde eu faria uma imersão de cinco dias, sozinho, dentro da floresta amazônica. Era a minha primeira viagem à região e eu embarquei no voo radiante, como aquela manhã de céu azul, enquanto via pela janela o complexo de prédios da megalópole São Paulo se transformar aos poucos nas paisagens rurais do interior. A aeronave atingiu os 35 mil pés de altura, a terra lá embaixo se cobriu de nuvens brancas e macias, até que algumas horas depois, já nas proximidades do destino, o piloto avisou que atravessaríamos uma área de turbulência. Era o tipo de situação que sempre me causou desconforto, por lembrar quão mortais somos enquanto seres humanos. Sentado na janela, sentindo o frio na barriga com os trancos da aeronave, mesmo com aquele céu de brigadeiro lá fora, pude ver um trecho da imensa mata cerrada da floresta. Se o avião caísse ali, seria imediatamente consumido pela natureza – como aconteceria uma década mais tarde no acidente do voo Gol 1907, quando um Boeing com 154 passageiros foi abalroado por um Legacy 600 da Embraer e desapareceu ao cair na Serra do Cachimbo.

Naquela manhã em que eu seguia para Manaus, no entanto, eu só conseguia pensar em uma outra história do gênero, que havia marcado profundamente a minha infância. Eu tinha 6 anos quando aconteceu o acidente com o voo uruguaio que se tornaria conhecido como o Milagre dos Andes. Lembro-me até hoje do sentimento de pânico que eu senti vendo na televisão, nas revistas e nos jornais o desespero relatado pelos sobreviventes depois de dois meses perdidos no meio da neve das cordilheiras, tendo as buscas suspensas devido à impossibilidade de encontrar o avião no meio daquele mundo branco. Depois da queda, eles ainda enfrentaram uma avalanche, que mataria boa parte do grupo, e tiveram que praticar o canibalismo, comendo os corpos dos companheiros mortos, até que dois deles conseguissem atravessar as montanhas e encontrar um camponês, o que abriria o caminho para o resgate dos 16 sobreviventes. Eu adorava aviões, achava-os grandes, invencíveis, e aquela história me causou um forte impacto. Percebia ali, ainda criança, a pequenez do homem diante da imensidão da natureza, em um mundo em que montanhas de neve gigantescas, oceanos profundos, vulcões e florestas entroncadas podem nos engolir a qualquer momento.

A turbulência passou, o voo pousou tranquilamente em Manaus e eu segui para o evento de inauguração. As reflexões, porém, continuaram. Depois dos apertos de mão e coquetéis de negócios, fui direto tomar o barco para o Ariaú Amazon Towers, o maior hotel de selva da Amazônia na época. Na murada do porto, uma placa de ferro registrava marcas das cheias do rio Negro, ano após ano, desde o fim do século 19. Em algumas ocasiões, a água parece ter invadido o porto. Fiquei pensando que não seria muito difícil o rio subir em algum momento e tomar conta da cidade. Os ventos da preservação ecológica já ressoavam pelo Brasil desde a Eco-92, também conhecida como Rio-92 ou Cúpula da Terra, a primeira grande conferência das Nações Unidas sobre meio ambiente e desenvolvimento, organizada no Rio de Janeiro com o objetivo de debater os desafios ecológicos planetários. O tema do aquecimento global já ocupava algumas manchetes dos jornais e não era raro ver cenas de tornados e cidades alagadas associadas às mudanças climáticas.

Lembro-me bem da Eco-92, quando várias das questões ambientais vigentes foram trazidas à tona. Eu era um jovem universitário e ainda não me importava muito com os adventos das mudanças do clima, mas posso me recordar da grandiosidade do evento, que teve a presença maciça dos principais chefes de Estado, com 178 países representados, mostrando que a preocupação com a questão da preservação do meio-ambiente havia se tornado global. Foi ali que a ideia de Desenvolvimento Sustentável passou a fazer parte dos mais importantes debates, com a proposta de um modelo de crescimento econômico menos consumista e mais adequado ao equilíbrio ecológico. Também foram aprovadas algumas medidas importantes para a proteção ambiental, como a Carta da Terra, uma declaração dos princípios éticos fundamentais para a construção de uma sociedade global mais justa, sustentável e pacífica, e também a Convenção-Quadro das Nações Unidas sobre a Mudança do Clima. Assinada pela maioria dos países participantes com o objetivo de reduzir as emissões de gases do efeito estufa, essa última convenção resultaria, inclusive, no Protocolo de Quioto cinco anos depois, um tratado internacional muito mais rígido que não teve a ratificação de tantos países, já que estabelecia prazos e metas reais para a redução da emissão de poluentes.

Na época, as imagens das tragédias climáticas relacionadas ao aquecimento global me causaram a mesma sensação daquele avião perdido como um inseto microscópico em meio à gigantesca paisagem gelada da Cordilheira dos Andes, mas nada mais do que isso. Até que alguns anos depois, a bordo daquele barco pela imensidão da Amazônia, essas imagens voltaram à minha mente com outro impacto. Eu percebia, diante daquele rio gigantesco, como temos sido gananciosos demais, consumidores demais, e, com isso, pressionamos o equilíbrio natural da Terra. Todos aqueles acontecimentos nada mais eram do que consequência do planeta buscando autorregular o seu clima, para a sua própria sobrevivência. Sozinho ali naquele barco, apenas na companhia de um grupo de sete japoneses, percebi também que o Brasil é dotado de uma riqueza ambiental imensa, valorizada mais pelos estrangeiros do que por nós mesmos. Uma abundância natural que deveria, mais do que nunca, ser preservada.

Foram cinco dias de caminhadas na floresta, visitas a comunidades ribeirinhas, encontro com botos cor-de-rosa, jacarés e araras. Fiquei hospedado na Casa Tarzan, uma suíte em cima das árvores, assim como eu fazia na infância, quando chegava da escola e subia no abacateiro do quintal da minha casa e olhava as coisas lá de cima, para ter outra perspectiva. O hotel era todo construído sobre palafitas e passarelas que ligavam umas torres às outras, com as estacas de madeira rangendo sob nossos pés por entre sumaúmas, castanheiras gigantes e o grito dos macacos se comunicando. A sensação era mesmo de estar no meio da selva amazônica. Por outro lado, a forma como a exploração turística era feita me incomodava, com mulheres fantasiadas de indígenas tradicionais, perguntando se eu queria pagar para que me colocassem um cocar. Eu tinha decidido fazer aquela viagem para buscar o que na época eu considerava o "puro" e o "natural", a partir das minhas leituras de *Tristes Trópicos*, do antropólogo Lévi-Strauss, e do contato com o trabalho de Sydney Possuelo, indigenista, ativista social e etnógrafo brasileiro, considerado a maior autoridade em relação aos povos indígenas isolados do Brasil, que tive o prazer de receber algumas vezes na minha casa em Paraty. Naquela época, eu sentia uma verdadeira fascinação pela preservação de povos indígenas, queria de alguma forma contribuir para essa missão, mas com o tempo fui percebendo que eu seria uma espécie de Dom Quixote nessa jornada, que a proteção de tribos não contatadas seria como moinhos imaginários caso não lutássemos antes pela conservação das florestas e das matas preservadas brasileiras. Umas não viveriam sem as outras. Aquela primeira viagem à Amazônia me deu a certeza de que cuidar da floresta seria o caminho principal, caso eu quisesse contribuir, de alguma forma, para a preservação dos indígenas no Brasil.

Nos anos seguintes, passei a desenvolver projetos relacionados à reciclagem do lixo e à sustentabilidade na empresa em que trabalhava. Publiquei também meu primeiro livro, a história em quadrinhos *Homem Gravidade Zero*, sobre um pesquisador que viaja à Amazônia e é levado por seu guia, um barqueiro indígena, a uma experiência xamânica inesperada, que o faz questionar a existência e a ordem do mundo. O livro abordava a questão da preservação do planeta de forma criativa e filosófica. Sentia que havia muito mais a estudar, a pesquisar, a fazer. Como o dono daquela mala que levei para minha viagem real à Amazônia, percebia que o lado "executivo" e o lado "conservacionista" ainda não se comunicavam e eu almejava o dia em que pudesse unir os dois e fazer da proteção ambiental o principal propósito da minha vida.

Até que esse dia chegou. Ao me matricular no mestrado em administração na Fundação Getúlio Vargas (FGV), decidi aproveitar a oportunidade para finalmente estudar o Desenvolvimento Econômico Sustentável na Amazônia. Em minhas conversas com um grande amigo, o ambientalista Roberto Mourão, que tem vivência e conhecimento profundo sobre a Amazônia e a questão indígena brasileira, com experiência de gestão de projetos nos Ministérios do Turismo e do Meio Ambiente, logo compreendi a importância de, além de fomentar a proteção florestal, desenvolver o aprendizado para a preservação através de investimentos em educação e no ecoturismo – investimentos com a perspectiva de que a floresta é mais sustentável economicamente se for mantida em pé, sobretudo no que se refere aos seus recursos intangíveis, que só podem ser medidos a longo prazo. De acordo com o que o sociólogo, cientista político e professor da Universidade de São Paulo (USP), Ricardo Abramovay, chama de "a economia do conhecimento da natureza", o crescimento econômico da Amazônia, em vez de estar ligado ao desmatamento para a plantação de soja e criação de gado, pode ser gerado por meio da educação, do ecoturismo e turismo científico, do estudo de plantas para desenvolvimento medicinal e a produção de alimentos (com as chamdas PANCs, as "plantas alimentícias não convencionais").

Estudar e analisar a viabilidade do ecoturismo na Amazônia, a maior floresta tropical do mundo, que abriga uma das maiores biodiversidades do planeta e encontra-se no foco do mercado nacional e internacional, me pareceu um ótimo caminho de pesquisa. Com uma área de aproximadamente 6,9 milhões de km², este bioma gigantesco, que presta um grande número de serviços ecossistêmicos para o planeta, ainda é relativamente desconhecido devido à falta de acesso à educação, ao turismo e à economia do conhecimento da natureza. Em meus estudos, descobri que a falta de incentivos que expressem os reais benefícios econômicos de se manter a "floresta em pé" contribuem para o aprofundamento da degradação ambiental, uma vez que o valor mercantil da Amazônia ainda é visto com relação ao desmatamento e à venda de matérias primas. Assim, decidi contribuir para encontrar estratégias econômicas sustentáveis que visassem manter vivo um ecossistema tão importante. O ecoturismo, com o seu braço de turismo científico e educacional, me pareceu um excelente caminho. Com a ideia de estudar a sua viabilidade e a sustentabilidade da atividade turística na região amazônica, decidi embarcar para uma necessária pesquisa de campo na reserva Mamirauá.

Na companhia de Roberto Mourão e da pesquisadora e escritora Gisele Mirabai, pegamos um voo para Manaus. Dessa vez, consegui juntar os dois lados da mala, o do pragmatismo do executivo com o sonho do ambientalista. Descemos primeiro em Anavilhanas, para conhecer o Parque Nacional de preservação ambiental, onde visitamos as comunidades ribeirinhas e fizemos uma caminhada turística para conhecer as árvores nativas, seus potenciais e propriedades medicinais e alimentícias. Em seguimos, voltamos para a capital em um hidroavião, quando pude ver de cima a incrível paisagem da floresta amazônica, com os botos que seguiam na mesma direção do voo, e eram muitos, pulando nas águas doces do rio Negro. As ilhas verdes de margens brancas faziam desenhos infindáveis pelas águas azuis escuras do rio, formando uma vista magnífica daquela parte tão preciosa do nosso planeta. E que planeta! Um mundo em que estava determinado a desempenhar o meu papel como gota do oceano, ou melhor, como gota de rio, para ajudar em sua preservação.

De Manaus, seguimos para Tefé, ao sul do estado do Amazonas e, em uma hora de barco, chegamos na Reserva de Desenvolvimento Sustentável de Mamirauá. Em nosso percurso fluvial, vimos algumas comunidades ribeirinhas, crianças na beira do rio, cachorros e pescadores, casas e construções simples de palafita em que, se havia natureza em abundância, faltavam recursos econômicos. Chegamos na Pousada Uacari, uma estrutura flutuante sobre o rio, toda feita em moldes sustentáveis, com energia de origem solar, água da chuva coletada e armazenada, com os efluentes tratados antes de retornarem ao rio, além de telhas ecológicas, feitas à base de plástico reciclado.

Em Mamirauá, passamos três dias em uma verdadeira experiência amazônica, aquela que eu tanto esperava, com expedições de canoa em meio à revoada de centenas de espécie de pássaros, um banho de chuva no meio do rio, quando paramos na beira d'água para esperar o rápido e abençoado temporal amazônico passar. Jacarés de dois metros de comprimento também buscavam a mesma proteção da chuva sob as árvores, e não pareciam se incomodar com a nossa presença ali, cada qual em seu silêncio. Água de cima, água de baixo, água à nossa frente e atrás, água que não acabava mais.

Realmente dava para sentir como nosso planeta é constituído sobretudo de água. Caminhamos pela floresta e, além das árvores de gigantescas raízes, vimos também uma família de macacos uacari, de pelos dourados e cara vermelha, em risco de extinção. Uma experiência rara, que tivemos a chance de vivenciar.

Após meu retorno a São Paulo, com a certeza de que a mala do "executivo ecológico" era uma só e veio para ficar, desenvolvi um projeto para a viabilidade do turismo científico na região amazônica, a ser empreendido na reserva de Mamirauá. Após o desenrolar dos estudos junto ao Instituto Mamirauá e a análise positiva do projeto pela FGV, a minha ideia era conduzir a implementação de um centro de pesquisas sustentável composto por um núcleo de pesquisas científicas ambientais, um núcleo de projetos comunitários, outro de estudos para análises sustentáveis econômicas e também por um hotel para a hospedagem dos pesquisadores, dos turistas científicos, dos ecoturistas, dos estudantes e dos "ecocuriosos", expressão cunhada em nossa viagem para aqueles viajantes que desejam ir além em sua jornada, aprendendo novos temas e conceitos, conhecendo as comunidades ribeirinhas e seus fazeres, valores e saberes, seu passado indígena e suas histórias – e não apenas ver mulheres fantasiadas de indígenas, como havia acontecido comigo naquela primeira vez.

Voltei da Amazônia em dezembro de 2019, quando o novo coronavírus já se alastrava pela China. Após as festas de fim de ano, ainda com a sensação de que a Covid-19 era apenas uma doença do outro lado do mundo que passaria rápido, dei início às pesquisas e à criação do projeto dentro da FGV. Três meses depois, no entanto, os primeiros casos começaram a surgir no Brasil e foi decretada a quarentena para a prevenção do contágio. Com as aulas no modo online e o trabalho na empresa em regime de home office, eu me mudei para a minha casa em Paraty, deixando São Paulo para trás, me isolando com a minha filha Ava enquanto seguia com os objetivos propostos. Mas as viagens para o desenvolvimento da pesquisa na Amazônia se mostraram inviáveis, as aulas remotas se tornaram um martírio e, a cada dia, eu pensava no que poderia fazer já, agora, naquele momento, com foco na preservação ambiental e desenvolvimento econômico sustentável. Passar dois anos estudando seria um bom caminho? E se eu pegasse aquele tempo, o então período provável de duração da pandemia, e investisse em algo que eu pudesse realmente fazer agora? Ava, a minha filha, dedicava-se às aulas online e, no tempo livre, cuidava de animais abandonados, cachorros e gatos que apareciam em nossa casa. Observava como aquele contato diário com a natureza contribuía para o seu desenvolvimento, e para o meu também. Aos poucos, notava que estar na natureza, trabalhando e contribuindo para o seu bem-estar, tornava-se mais do que um desejo. Passava a ser uma premissa de vida.

Enquanto isso, a pandemia se alastrava pelo mundo todo e só piorava. A expectativa de a vida voltar ao "normal" se tornava cada vez mais distante. Ao mesmo tempo, os alertas ambientais começaram a pipocar por todos os lados. Especialistas alardeavam que, com o aquecimento global e o derretimento das calotas polares, o *permafrost*, camada de terra, gelo e rocha permanentemente congelada, iria se desmanchar e liberar pelos ares novos vírus e bactérias nunca antes encontrados pelo homem. O desmatamento da Amazônia disparou, o pantanal pegou fogo, a Covid-19 começou a chegar nas tribos indígenas, mesmo as mais isoladas, e o cenário apocalíptico se impôs. Comecei a ler sobre o processo de savanização da Amazônia, que em apenas 20 anos se tornaria irreversível, e o pânico tomou conta de mim. Era aquela mesma sensação que experimentei na infância quando vi a insignificância de um avião caído em meio às montanhas de neve. Caso a exploração da natureza continuasse desenfreada, em breve toda a humanidade seria passageira naquele avião, consumido sem dó nem piedade pelo imenso bioma da Terra em seu processo de autorregulação do clima. Definitivamente, eu não queria estar naquele avião, mas já parecia tarde demais. Ansioso, isolado em Paraty sem saber o que fazer para impedir aquele voo ambiental descontrolado, me voltei a um velho hábito com o poder de aliviar meus picos de aflição: visitar, como um mero curioso, propriedades que estão à venda.

Naquele estágio, os pontos ainda não pareciam estar ligados a cada sítio, terreno e fazenda visitada, dezenas delas. Até que em uma caminhada ecológica, guiada pela minha amiga Andrea Brás, atravessamos uma propriedade na região do Coriscão, nas montanhas de Paraty, pouco antes da Serra da Bocaina. Havia ali o encontro de três rios, com água corrente, quedas e cachoeiras entre as pedras por todos os lados, o que fazia o seu som melodioso se espalhar pelo entorno. Por uma coincidência, soube que a propriedade estava à venda. O dono daquela terra, "parada" há mais de 20 anos, tinha se mudado para uma fazenda de café em Minas Gerais, já que o "mato sujo", como chamavam por ali os terrenos improdutivos, não era lucrativo. Mas aquela terra, ao contrário, estava tudo, menos parada. Aquele mato estava tudo, menos sujo. A vida corria solta ali, em meio às águas, árvores frutíferas, jequitibás e espécies nativas de 500 anos, jaguatiricas, pássaros e uma vista esplêndida para a montanha e para o mar. E por que aquela terra tão abundante ficou parada por tanto tempo, sem despertar a atenção de possíveis compradores?

Logo na entrada, havia um casebre, onde morava a Dona Lena, acompanhada de sua família e de seus patos, porcos e gansos. A casa tinha as paredes de papelão e um aspecto de precariedade que faria qualquer possível interessado dar meia volta e retornar ao Rio ou a São Paulo. Voltei para casa, mas aquelas águas, corredeiras e montanhas continuavam atravessando a minha mente. Naquele momento, a Amazônia me pareceu distante demais e eu considerei implementar ali mesmo, na Mata Atlântica, o projeto que eu vinha desenvolvendo havia tempos. E se eu criasse ali, no "quintal de casa", um centro para fomentar os cuidados com a terra, contribuir para a preservação da Mata Atlântica e estimular a economia do conhecimento da natureza, através da educação e do ecoturismo? E se eu transformasse aquele "mato sujo" em um núcleo sustentável de preservação ambiental?

No dia seguinte, voltei até lá animado e radiante. Chamei a Dona Lena, que apareceu em meio às suas galinhas, patos e gansos e, depois de uma ótima conversa, perguntei a ela do que a sua família necessitava. Dona Lena contou que seu marido e seu genro precisavam de trabalho, pois tinham sido atingidos pelo desemprego causado pela pandemia. Ambos trabalhavam em pousadas no centro histórico de Paraty que, de uma hora para outra, deixou de receber turistas. Perguntei se pensavam em morar em outro lugar, e ela disse que sim, tinha uma casa em construção na comunidade do Corisco, mas que faltava o teto e a parede. Assim, no fim daquela conversa, empreguei o marido e o genro da Dona Lena para trabalharem ali mesmo, nos cuidados daquela terra, e do que ela se transformaria. Comprei o que faltava para a sua casa mais confortável na comunidade. Ela me perguntou se poderia levar as telhas e também os seus animais. Claro que sim, podia levar tudo o que quisesse. Dona Lena saiu feliz e eu também. Depois de nossa ótima conversa, subi em uma pedra redonda, na beira da corredeira d'água, próxima à antiga sede da fazenda. Enquanto admirava as árvores nativas ao redor, exalei um ar triunfante e me perguntei: será mesmo que posso ser dono de tudo isso? Na mesma hora, um vento mais forte e a Mãe Natureza sopraram em meus ouvidos: "dono, não, você será apenas o guardião". E naquele momento, eu chorei porque tudo fez sentido, a primeira viagem à Amazônia, os insights que me levaram àquele projeto, os estudos sobre desenvolvimento sustentável e a minha grande vontade de trabalhar com a preservação de nosso planeta. Foi assim que tomei a decisão que mudou para sempre a minha vida. Eu comprei aquela terra. E, no fim das contas, acabei desistindo do mestrado.

Agora, Dona Lena vive em uma boa casa dentro da comunidade, com paredes de verdade, e sua família, com trabalho. Naquele dia em que estive dentro de sua antiga casa na propriedade, com paredes de papelão, reparei que pelas goteiras do teto de zinco passavam alguns raios de sol. Lá fora, o céu azul iluminava as montanhas da Mata Atlântica e deixavam o mar dourado, mas ali dentro, a paisagem era surreal, com o chão todo salpicado de pontos de luz, em meio à escuridão das paredes sem janelas. Eu então me lembrei da música clássica na voz de Nelson Gonçalves: "mas a lua furando nosso zinco/ salpicava de estrelas nosso chão".

Chão de estrelas.

Pensei que alegria seria salpicar a Terra de árvores, cuidar do solo, transformar os pastos em florestas, áreas queimadas em matas, as pessoas em protetores da natureza, contribuindo para a redução do aquecimento global e para uma melhor qualidade do ar. Quanto mais árvores no planeta, maior o sequestro de gás carbônico da atmosfera e, por um momento, eu vi a Terra como um verdadeiro chão de estrelas, onde cada árvore brilhava iluminando um futuro possível para o planeta e para as próximas gerações, formando uma constelação verde, bela e pura, como um céu noturno, visto do alto de uma montanha.

Assim começou a história da Reserva Particular de Patrimônio Natural (RPPN) Chão de Estrelas, situada no coração da Mata Atlântica. E assim se estabelece o objetivo deste livro: compartilhar minhas pesquisas e aventuras sobre como transformar um pedaço de terra em uma reserva de proteção natural cem por cento sustentável, que possa contribuir para a preservação do nosso planeta. A experiência de regeneração na Mata Atlântica tem servido como piloto, para ser replicada futuramente na Amazônia e em outros biomas brasileiros, nas áreas de maior degradação.

O livro é dividido em três partes, com base na compreensão de que a sustentabilidade é um tripé – econômico, ambiental e social. Com foco no entendimento de que a floresta em pé é mais valiosa do que desmatada, discute a ideia da regeneração de um bioma natural (passando pela criação de abelhas, pela plantação de mudas nativas e até pela implementação da agrofloresta em uma área devastada pelo pasto); como compartilhar o desenvolvimento sustentável com a comunidade local por meio do lazer, do investimento educacional e da geração de renda; e, finalmente, como tornar uma reserva sustentável a partir da economia do conhecimento da natureza, aplicada em processos apoiados na educação e no turismo.

O que o leitor fará aqui, aliás, é um ecoturismo pelas páginas deste livro. Que a cada linha, possamos desvendar juntos o caminho para a Terra brilhar como um chão de estrelas verdes, que dure por muitos milhões de anos.

E que, dessa vez, o avião não caia.

I

1/ Felizes para sempre

Eu acredito, com todo o meu ser, que é possível fazer a diferença no mundo através do reflorestamento de nossas matas. Eu acredito, como disse o biólogo e ambientalista do Zimbábue Allan Savory, que a única riqueza que pode sustentar qualquer comunidade, economia e nação futura vem do processo fotossintético: as plantas verdes que crescem no solo, por meio da regeneração de nosso planeta. Acredito também que o problema de uma população crescente, destruindo mais de quatro toneladas de solo para cada ser humano vivo, precisa encontrar seu caminho de reflexão nas salas de reuniões corporativas, nos debates políticos, nas mesas de escolas e universidades, se quisermos desfrutar de estabilidade econômica, social e ambiental no futuro. Mais do que isso, eu acredito que, se quisermos que as próximas gerações desfrutem de um planeta com um clima adequado à sua existência, precisamos nos mover. E já. Afinal, mais uma vez citando Savory, se nos importarmos o suficiente com a terra, com a vida selvagem, com as florestas, com os mares, com as pessoas, enfim, com o futuro da humanidade, haverá muito trabalho a fazer, não importa quanta força exista em oposição aos nossos esforços.

E é o que venho fazendo. Iniciei os trabalhos na Reserva Chão de Estrelas, com uma pasta de "acadêmico do mato" embaixo do braço, carregando a utopia de que poderia fazer a minha pequena parte, com um chapéu de palha na cabeça e 20 hectares de "mato sujo". Lembro-me bem do momento em que saí do cartório com o registro de propriedade nas mãos e o sol de Paraty à minha cabeça. Era como se eu tivesse me casado com meu propósito e estivesse na cidade em lua de mel, mas não. A partir daquele momento, minha relação com a região se tornaria definitiva e duradoura, um sentimento prazeroso e, ao mesmo tempo, assustador. O mês era abril de 2020, uma pandemia começava a se alastrar pelo planeta enquanto eu saía pelas calçadas de pedra, com o céu azul do litoral brasileiro, os ventos da Mata Atlântica e um atestado na mão que dizia: pronto, agora a responsabilidade é toda sua. Claro que não totalmente minha. O relacionamento com a conservação ambiental não era exclusivo meu, pelo contrário, deveria abranger toda a humanidade. Mas eu precisava honrar o meu casamento com aquele pedaço de terra, com quem tinha acabado de enlaçar o meu destino.

Chão de Estrelas.

Assim como um astrônomo que mira o telescópio para o céu e maravilha-se a cada noite, diante de mais e mais estrelas, o nosso primeiro ano foi feito de dias grandiosos. Dos 20 hectares iniciais, somamos mais 45, depois 72, então mais 30 e, finalmente, mais 43, chegando a 210 hectares de puro sonho de natureza. Dez hectares seriam para a sede e os outros 200 para o projeto sustentável de conservação e regeneração ambiental. Nossa lua de mel ia a todo o vapor, e cada vez mais aterrorizante. Quanto mais a Chão de Estrelas expandia o tamanho do seu perímetro, mais a responsabilidade aumentava. A coisa foi ficando séria. Quanto mais eu caminhava por entre as trilhas verdes e estelares, mais acelerado parecia o avião que nos levava ao crash das mudanças climáticas. Percebia-me, assim, diante da questão principal, aquela que todos os que se dispõem a criar uma reserva natural precisam enfrentar: como criar um modelo realmente sustentável de conservação ambiental?

Desde o início, a minha meta para a Reserva tinha sido chegar a 400 hectares de áreas preservadas. Mas por enquanto eu não tinha chegado nem na metade disso, e o investimento financeiro já havia sido bastante expressivo. Isso ainda sem perspectivas factíveis de retorno. Deveria puxar o freio de mão naquele momento e fazer uma Reserva menor? Ou seguir o plano de expansão e confiar que, através de mantenedores, venda de créditos de carbono e geração de renda através de serviços e produtos, a Reserva se tornaria sustentável? Minha vontade de trabalhar pela diferença era grande, mas assim como os recursos da terra, meus recursos financeiros também eram finitos. Ao mesmo tempo, sabia do impacto que reservas particulares podem fazer no todo da questão ambiental.

De acordo com Ricardo Abramovay, professor do Instituto de Energia e Ambiente da USP, apesar de sua importância, as áreas protegidas por leis não conseguem responder sozinhas pela proteção dos serviços ecossistêmicos oferecidos pela floresta. Nas propriedades privadas, é fundamental que seja respeitada a

legislação, o que muitas vezes não acontece. O Brasil, detentor da maior biodiversidade do planeta, não tem como garantir este ativo da proteção ambiental apenas por meio das unidades de conservação. Só para se ter uma ideia, sete mil grandes imóveis na Amazônia respondem por 15% do carbono desprotegido do Brasil enquanto outros 110 mil pequenos imóveis são responsáveis por 10%. Os riscos são ainda maiores no bioma do Cerrado, onde trinta mil imóveis acumulam 25% do carbono nacional desprotegido, conforme um artigo publicado na prestigiosa revista *Global Change Biology*, pelo pesquisador brasileiro Flávio Freitas.

Por esse motivo, eu pensava que, quanto mais terras tivesse a Reserva, mais poderia garantir a minha pequena porcentagem de conservação e regeneração. Mas sabia também que seria necessário tornar a Reserva sustentável o quanto antes, para que ela não morresse na praia, como tantos projetos socioambientais que acabam inviabilizados por razões econômicas. Por isso mesmo, já há alguns anos esta pequena grande palavra, Sustentabilidade, ocupava os meus pensamentos. Não apenas os meus, mas de todos os interessados em temas relacionados à preservação ambiental, bem como dos executivos e políticos sentados nas mesas de corporações, empresas e chefia de nações, que reconhecem a extrema urgência de criarem um perfil mais verde, caso queiram sobreviver no futuro.

Muitos deles têm procurado a fórmula para que seus projetos se tornem mais sustentáveis, mas poucos encontram de fato. Isso porque a Sustentabilidade é como as clássicas utopias, atrás das quais se corre, mas quase nunca se alcança. Uma palavra que, de tão falada, tende a se tornar ampla, grandiosa, vaga. Um conceito que, distorcido por falsas campanhas de marketing e sonhos desequilibrados de preservação ambiental, pode nunca chegar ao seu real significado. Por isso, e por confiar que seria possível guiar a Reserva Chão de Estrelas em direção a um futuro duradouro e sustentável, e por acreditar que poderíamos, sim, ser felizes para sempre, me dediquei ao meu honroso novo papel de "acadêmico do mato". Abri aquela pasta que trazia debaixo do braço, peguei a utopia de um mundo melhor e a transformei em uma busca. Eu não descansaria enquanto não conhecesse a fundo a resposta para a seguinte pergunta:

2 / Afinal, o que significa sustentabilidade?

Ideias são como os rios voadores que existem sobre a Amazônia. Elas se encontram e chegam até nós em forma de chuvas abençoadas, que nutrem a terra e o terreno fértil da nossa imaginação. Para quem presta atenção, ideias sobre como criar um mundo mais sustentável podem ser tão abundantes quanto as águas que caem sobre as florestas tropicais. O desafio, no entanto, é colocá-las em prática. A fundação Bill & Melinda Gates tem um programa para investir em pesquisa e desenvolvimento de soluções para um mundo melhor, como em projetos, por exemplo, para a solução do problema do saneamento básico global. Um programa bem financiado, diga-se de passagem, para tornar as respostas escaláveis e sustentáveis, pois há um longo caminho entre querer mudar o mundo e fazer essa ideia se tornar realidade. Desde o início, coloquei como meta fazer da Chão de Estrelas uma reserva cem por cento sustentável. Mas o que isso significava, em termos práticos?

A sustentabilidade é um conceito diretamente ligado

à ideia de uma sociedade sustentável. Não abrange apenas a proteção ao meio ambiente, mas também o cuidado com as comunidades envolvidas, para que sejam por si só sustentáveis, além de gerar resultados econômicos reais, que preservem os recursos naturais e o ciclo da sustentabilidade nessas comunidades. Sociedades sustentáveis englobam atividades humanas que visam satisfazer as atuais necessidades dos seres vivos, mas sem comprometer o futuro das próximas gerações. Mas dentro desse amplo conceito, o que vem a ser o desenvolvimento sustentável? Como ele pode gerar crescimento e, ainda, poupar recursos ambientais findáveis?

Este termo, desenvolvimento sustentável, é um objetivo que quase todos os setores da sociedade pretendem atingir, muito utilizado em discursos acadêmicos, projetos corporativos e políticas públicas. Discussões sobre o assunto começaram a permear os centros acadêmicos desde a década de 1960, junto com o início dos debates sobre unidades de conservação, preservação e conservação do meio ambiente, manejo e gestão de áreas naturais. E por mais que se debata o tema há tantas décadas, principalmente na última, ainda não há um consenso sobre a sua real aplicação. O que se sabe é que ele diz respeito a uma condição de equilíbrio entre o homem e a natureza. E para tal, é preciso uma visão integrada de todo o contexto em que o conceito será aplicado.

Cabe ressaltar, como aponta o filósofo francês Michel Foucault, que desenvolvimento sustentável, desenvolvimento sustentado, desenvolvimento durável e ecodesenvolvimento são termos comumente utilizados como sinônimos ainda que possuam significados diferentes, nem verdadeiros nem falsos em si mesmos, mas que produzem efeitos de verdade. E o que eles têm em comum? A palavra: desenvolvimento. E a palavra desenvolvimento, de acordo com o dicionário Aurélio, significa crescimento, progresso, adiantamento.

Percebe-se, então, que a ideia de crescer e prosperar está presente nos estudos do tema. O primeiro a abordar o tema foi o economista francês Ignacy Sachs, que formulou os princípios do ecodesenvolvimento, apontando para o início das discussões relacionadas ao desenvolvimento igualitário, que deveria promover uma combinação de crescimento econômico, aumento do bem-estar social e preservação ambiental. A Conferência de Estocolmo, realizada pela ONU em 1972, foi considerada um marco internacional para as discussões a respeito do assunto. No mesmo ano, o cientista americano Dennis Meadows e os pesquisadores do Clube de Roma, um grupo de pensadores que se reúnem até hoje para debater um vasto conjunto de assuntos relacionados à economia, política internacional, meio-ambiente e desenvolvimento, publicaram um estudo chamado "Limites do Crescimento". Neste estudo, eles concluíram que, mantidos os níveis de industrialização, poluição, produção de alimentos e exploração dos recursos naturais da Terra, o limite de desenvolvimento do planeta seria atingido em, no máximo, 100 anos e que, com isso, a população humana tenderia a diminuir, assim como o desenvolvimento industrial.

Hoje, 50 anos depois, percebe-se que eles estavam certos. Nós nos encontramos realmente no caminho de esgotar os recursos terrestres. Mas a população do planeta não diminuiu, pelo contrário. De acordo com dados da ONU, a população mundial atingirá 9,7 bilhões de pessoas em 2050 e chegará perto de 11 bilhões até 2100. Quanto à diminuição na emissão de carbono, apesar do Acordo de Paris, as promessas parecem apenas engatinhar enquanto a produção em larga escala continua a todo vapor. Se a previsão já havia sido feita naquela época, cinquenta anos antes de escrito este livro, por que continuamos em ritmo acelerado na exploração sem limites de nossos recursos naturais?

Muitos estudiosos continuaram a se debruçar sobre o assunto e foi em 1987, quinze anos depois da Conferência de Estocolmo, que foi elaborado o Relatório de Brundtland, mais conhecido como “Nosso Futuro Comum”. Criado pela Comissão Mundial sobre o Meio Ambiente e Desenvolvimento da ONU, o relatório aponta para a incompatibilidade entre desenvolvimento sustentável e os padrões de produção e consumo estabelecidos, trazendo mais uma vez o alerta: a necessidade urgente de uma nova relação entre o ser humano e o meio ambiente. Só então o tema pareceu entrar realmente em debate na comunidade internacional.

Lembro-me bem dessa época, e de como a questão ambiental começou a ocupar cada vez mais os noticiários, os estudos e as pesquisas. Ali começavam a ser traçados os caminhos que levariam à Eco-92, no Rio de Janeiro. Naquele período, eu cursava a minha graduação em literatura e filosofia na Boston University, e guardo a recordação dos anúncios sobre congressos relacionados ao tema, afixados nos corredores da universidade. Foi ali que a expressão "desenvolvimento sustentável" chegou a mim pela primeira vez e, mesmo sem eu saber, me colocou em uma espécie de busca quixotesca pela questão da preservação ambiental. Entretanto, eu era ainda um garoto de 20 e poucos anos, interessado mais em garotas e aventuras do que no futuro do planeta, ainda que, na época, as grandes conversas globais sobre o tema da emissão de carbono começassem a acontecer e a chegar a todos nós através dos jornais e noticiários da tevê.

O relatório "Nosso Futuro em Comum" teve um papel divisor de águas na questão ambiental. Foi ele que estabeleceu a ideia de que um desenvolvimento sustentável responde às necessidades do presente, sem comprometer a capacidade das gerações futuras. Ainda assim, uma de suas principais proposições era favorecer o crescimento, conciliando-o à proteção ao meio ambiente. Sua formulação, de acordo com o contexto político-cultural específico da época, supervalorizava o conhecimento científico, em detrimento do conhecimento empírico de povos e comunidades tradicionais. Isso afetaria diretamente a forma como olharíamos para a questão da sustentabilidade nas décadas seguintes. Tanto que, no conceito de desenvolvimento sustentável, persiste ainda hoje a ideia de valoração dos bens naturais, em que o meio ambiente é encarado como mercadoria, assim como a ideia de conservação dos bens naturais, sem considerar as pessoas que vivem neste ambiente.

A meu ver, residia ali toda a imprecisão que a ideia de sustentabilidade tomaria. Defendia-se mudar a maneira de consumir os recursos do planeta, mas não de olhar para a maneira como habitamos o planeta. Seria necessário olhar para a natureza de uma forma sistêmica e integrada, em que nos vemos como parte da Terra e não apenas como seus consumidores. Uma forma de trabalhar junto com a natureza, em seu processo de preservar e perpetuar a riqueza e a diversidade da vida. Foi nessa época em que fiz uma viagem de férias para a Califórnia e fiquei muito impressionado com o tamanho das sequoias na reserva Muir Woods National Park. Lembro-me de ter ficado tocado com a ideia de árvores milenares terem presenciado tantas coisas antes de nós. Os ventos da preservação daqueles seres gigantescos começaram a soprar em meus ouvidos. Assim como muitos na época, eu começava a pensar, para além do crescimento sustentável, em formas de proteger o planeta, não de consumir o planeta.

Na Rio-92, foi elaborada a Convenção Sobre a Biodiversidade que, entre outros preceitos, definiu que usar o planeta de forma sustentável significava a utilização de componentes da diversidade biológica de modo e em ritmo tais que não a ameaçassem, no longo prazo, mantendo assim seu potencial para atender as necessidades e aspirações das gerações presentes e futuras. Ali, pela primeira vez, surgiu a preocupação com a sustentabilidade da diversidade biológica, e não apenas com o crescimento sustentável econômico. Ainda assim, não se olhava de frente para a questão da conservação da cultura humana e das comunidades tradicionais que habitavam as áreas protegidas. De volta ao Brasil, o indigenista Sidney Possuelo despertou em mim, em muitas de nossas conversas em Paraty, a importância de proteger também os povos indígenas, que vivem e preservam há milênios áreas naturais hoje com grande risco de desmatamento.

Após a Rio-92, a geógrafa Bertha Becker e o geoeconomista Claudio Egler começaram a trazer para as discussões ambientais sobre desenvolvimento sustentável a questão da manutenção de uma bio e sóciodiversidade, com as dimensões fundamentais para este desenvolvimento: ambiental, da estrutura produtiva e do desenvolvimento humano e social. O desenvolvimento sustentável, para além do processo eficiente de aproveitamento dos recursos naturais para o consumo, começava a considerar também as populações inseridas no contexto.

Desde então, inúmeros estudos têm se debruçado sobre o conceito de desenvolvimento sustentável em seu tripé econômico, ambiental e social. É importante ressaltar que cada elaboração está inserida dentro de um contexto histórico, econômico, político e cultural, por isso não há unanimidade em sua definição. O que há em comum entre todas as abordagens é que os fatores específicos de cada contexto precisam ser levados em conta para que se desenvolva um plano de ação. São esses fatores que vão determinar o que é ou não é realmente sustentável. Na prática, da mesma forma como o aquecimento global pode ser visto como aquele avião indo a toda velocidade em direção ao pico nevado dos Andes, o desenvolvimento sustentável também pode recorrer a uma matéfora do mesmo gênero, sendo encarado como o proverbial "avião em construção durante o voo".

Ou seja, é preciso colocar em prática as ideias para ver de que forma a sustentabilidade se desenvolve e gera resultados. Mesmo os conceitos mais utilizados estão sujeitos a diversas interpretações. A apropriação dessas ideias, elaboradas para fins distintos, é que determina o desenvolvimento sustentável. Por isso, o conceito aplicado na Reserva Chão de Estrelas foi pautado em uma busca do equilíbrio entre o desenvolvimento econômico e a conservação da natureza e também da cultura humana, em que se faz urgente e necessário pensar local e globalmente nos efeitos de cada um de nossos atos. Na implementação da Reserva, a relação entre o ser humano e o meio-ambiente deveria ser compreendida como uma dança, em que o homem sincronize seus passos para fazer a natureza crescer, brilhar e prosperar, não apenas servir ao próprio consumo. O homem deveria dançar junto com a Terra para fazê-la cintilar em sua máxima expressão de abundância e geração de vida. Assim, eu segurei nas mãos da minha Reserva e subimos juntos a Serra da Bocaina, no ritmo de uma só dança.

3/ Uma pesquisa em ação

Materiais para a construção da sede, estudos sobre a regeneração do solo, fossa de dejetos por ciclo de bananeiras, contratação de pessoal, envolvimento com a vizinhança, aceitar o leitãozinho de presente da Dona Lena. Por mais poética que fosse essa dança com a natureza, a sustentabilidade na prática era bem real. Envolvia tantas, mas tantas atitudes e escolhas, que eu precisava mesmo ter um objetivo nítido em minha mente, diante de cada decisão. Claro que, na prática, não era tão simples assim. Primeiro porque o meu relacionamento com a Reserva Chão de Estrelas era muito recente. Tínhamos acabado de nos casar e já vinha uma lista enorme de afazeres sobre a mesa, logo no café da manhã. Seria preciso conhecer e compreender cada vez melhor aquele pequeno pedaço de terra da Mata Atlântica como uma verdadeira constelação de estrelas, onde cada ação deveria ser realizada orbitando uma à outra, com equilíbrio e constância e todas ao redor do sol maior da sustentabilidade. Olhando de maneira teórica e superficial, parecia simples. Mas ser sustentável na prática envolve um pensamento sistêmico e integrativo, que engloba o clima, a vegetação, os animais e os seres humanos que habitam e frequentam a região, seja como morador, a trabalho, turismo ou lazer. Por onde começar? De onde puxar o fio do novelo para garantir que a sustentabilidade se mantenha de forma equilibrada sobre o seu tripé na Reserva Chão de Estrelas?

Uma das imagens mais claras e explicativas que vi sobre o tema foi a dos ambientalistas Rafael Chiaravalloti e Cláudio Pádua, que transmitiram bem a ideia do que significa ser sustentável na prática. Sustentabilidade nada mais é do que a interação entre duas ou mais realidades, enquanto uma sustenta e a outra é sustentada. Em um canteiro de obras qualquer, alguém pode comentar que a laje está sem sustentabilidade. A laje é sustentada, e quem sustenta são as vigas e os pilares. Se está sem sustentabilidade, a construção não acontece. O mesmo se passa quando uma mãe dá leite para uma criança. O alimento a sustenta, enquanto ela é sustentada. Da mesma forma, os recursos naturais da biosfera sustentam a economia, que é sustentada por essa relação. Ou seja, "se não existem mais recursos, a economia não se sustenta, a laje cai e a criança fica com fome." A partir dessa imagem tão simples, a pergunta que eu me fazia era como gerar recursos econômicos que sustentem o projeto, a partir da proteção dos recursos findáveis do planeta Terra.

Por isso, a mudança de mentalidade dentro da Reserva Chão de Estrelas precisava ser nutrida desde o início. Precisava estar presente nas relações que dariam base ao projeto, nas ações voltadas à responsabilidade social e à busca pelo desenvolvimento humano e, acima de tudo, no comprometimento com a causa ambiental. O objetivo era que todos os envolvidos pudessem compreender a máxima de que, enquanto a terra oferecia recursos para sustentá-los, eles também sustentavam a terra com cuidado e regeneração, para que ela pudesse continuar a sustentar as gerações futuras em um ciclo harmonioso entre economia, comunidade e meio ambiente.

Visualizei então a sustentabilidade como um triângulo sócio-econômico-ambiental dentro de um círculo que não parava de girar, em constante movimento em direção ao futuro. Percebi que, em um empreendimento desse porte, para além do fator econômico, seria necessário levar em conta não apenas o tempo do trabalho dos homens, mas o tempo da natureza. Em sinergia com a dinâmica da terra e sua capacidade natural de regeneração, o homem deveria agir de forma sintrópica, ajudando-a a se recuperar, contribuindo para o seu florescimento a partir de sua própria sabedoria e não de intervenções focadas apenas no sustento humano.

Para a implementação da agrofloresta nas áreas de solo empobrecido, por exemplo, eu não poderia considerar apenas o meu desejo em desenvolver o projeto, mas também o tempo das sementes, das estações do ano, do clima, das abelhas, dos pássaros, do entorno. Afinal, era tudo sobre ela e por ela, a natureza.

Quando eu fazia o projeto de mestrado na FGV, o professor e coordenador Thomas Wood insista para que eu desenvolvesse uma pesquisa-ação e não apenas um estudo de caso sobre o desenvolvimento sustentável na Amazônia. De acordo com ele, faria toda a diferença levantar o projeto de pesquisa de forma prática, junto aos atores envolvidos, no caso a Reserva de Mamirauá e as comunidades locais que realizavam o trabalho junto ao Programa de Turismo de Base Comunitária. Eu argumentava que não seria possível tendo apenas um ano para desenvolver a dissertação em um local distante e em período tão curto, que não conseguiria colher resultados factíveis relacionados ao investimento no ecoturismo. Mas agora eu estava livre de um prazo acadêmico e pensava que, se aplicasse os conceitos de sustentabilidade desde o início nessa pesquisa-ação mais do que prática na Mata Atlântica, poderia colher os resultados não apenas referentes ao investimento no ecoturismo e à educação ambiental, mas também relacionados às questões geográficas, sociais, biológicas e econômicas. Assim, tirei da pasta os meus estudos sobre sustentabilidade e subi a serra da Bocaina para aprender em campo, no dia a dia, como ela poderia ser implementada na Reserva. Apesar de eu ter desistido do curso por conta da pandemia, penso que o professor Thomas Wood ficaria feliz ao ver acontecendo a pesquisa-ação que sugeriu.

4 / Sobre o tripé ambiental, social e econômico

O jequitibá pode viver 3.050 anos.

O jequitibá pode ter visto a chegada dos portugueses em terras brasileiras.

O jequitibá pode ter divisado os primeiros povos originários das Américas.

O jequitibá é um dos maiores e mais antigos seres vivos do planeta Terra.

O jequitibá faz parte de uma das centenas de espécies que a Reserva Chão de Estrelas gostaria de replantar, no processo de regeneração da floresta.

Enquanto eu subia a estrada em direção à Reserva, pelos 25 quilômetros de serra que levavam da minha casa ao alto do Corisco, eu reparava como a Mata Atlântica é imbrincada e promove o convívio de diferentes espécies entre si. Como disse o historiador Warren Dean, autor do livro *A Ferro e Fogo – A História e a Devastação da Mata Atlântica Brasileira*, ela é uma floresta que pode ter até 800 espécies em apenas uma zona, enquanto uma floresta temperada na Europa possui umas poucas dúzias por todo o seu perímetro. Eu subia a montanha e via a grandiosidade daquele ecossistema que, hoje, possui menos de 15 por cento de sua área original. E por isso mesmo, enquanto eu galgava as curvas da estrada morro acima, com um nostálgico Gurgel cem por cento brasileiro, tinha a certeza da realização do meu propósito, que me alimentava para enfrentar os desafios que viriam. A vontade de regenerar era grande. O trabalho também. Mesmo que de cunho prático, uma organização inicial precisava ser feita. Dividi então os empreendimentos a serem realizados de acordo com o tripé sócio-econômico-ambiental.

Primeiro, a questão ambiental.

Depois de subir a montanha, toda vez que eu pisava na Chão de Estrelas, me invadia a sensação de um lugar mágico, um ambiente que afeta todos os sentidos. O som das águas correntes atua em todos os cantos da Reserva, por onde tangarás e saíras voavam, pousando em ipês e jacarandás que escondiam jaguatiricas e quem sabe muriquis em suas matas. Para além da beleza natural que saltava aos olhos, via aquele lugar repleto de estudantes, turistas acadêmicos e ecocuriosos, caminhando por entre placas, com os nomes e informações sobre as espécies de árvores reflorestadas e preservadas. Em uma trilha ecológica e sensorial, na esquina de uma figueira com uma jabuticabeira, se veria uma placa com o pensamento de um filósofo, entre outras citações de escritores e ambientalistas sobre a natureza, unindo a fruição ecológica à literatura, à inspiração e à poesia. Trilhas que despertam o contato integral com as forças naturais da floresta, através dos sons, das cores, das texturas, do cheiro das folhas e do sabor das frutas. Eu mesmo, só havia conhecido aquelas terras por conta de um passeio guiado por minha amiga caiçara Andrea Brás, que realiza essas imersões de conhecimento na Mata Atlântica.

Acredito que a fruição educacional da natureza pode trazer benefícios reais de proteção ambiental. E também aprendizados para as gerações futuras. Informações lúdicas, conhecimento atrativo e histórias criativas sobre o meio ambiente, com detalhes que despertem o nosso imaginário não apenas para a apreciação da natureza, mas também para o desconforto da urgência. Para a consciência de que estamos todos dentro daquele avião ambiental prestes a se chocar na gigantesca montanha das mudanças climáticas. Qual é a palpitação que isso gera? Como é se conscientizar de que o mundo como conhecemos pode se acabar com um grande choque com consequências devastadoras, após o qual nada mais restará? Um sentimento perturbador, o que é bem-vindo. Afinal, os anos passam, a situação se agrava, mas as mudanças climáticas continuam a parecer tão distantes no futuro como um esqueleto de dinossauro no museu está no passado.

Um exemplo dessa experiência foi um encontro que tive com meu amigo Amyr Klink, em uma de suas visitas à minha casa em Paraty. Contando sobre mais uma de suas expedições pela Antártida, ele revelou que, antigamente, podia ficar horas sem camisa em meio à neve, isso, claro, se aguentasse o desconforto térmico. Hoje, se permanecesse por trinta minutos sem camisa, já precisaria ir para o hospital, com queimaduras pelo frio. Os ventos da Antártida, que antes chegavam a 30 quilômetros por hora, hoje chegam a 70, 80 quilômetros, afetados pelas mudanças da pressão barométrica em todo o planeta. Alterações climáticas já são uma realidade urgente e afetam a realidade tanto no Polo Norte quanto no Polo Sul. Por isso, histórias que despertem as pessoas para compreender e respeitar o ritmo da natureza, estar mais perto dos ciclos naturais, fazer parte da recuperação da saúde do planeta, seriam uma ferramenta fundamental para a educação ambiental e a proteção a longo prazo. Vivências que despertem a compreensão de que abelhas, flores e árvores nascem em épocas específicas, florescem em diferentes estações do ano e realizam compassos ritmados de polinização. Imagens criativas e reflexivas que revelem a dança das esferas de Pitágoras, usualmente no céu, acontecendo na terra, com as estrelas verdes do solo, movendo-se na expressão máxima da natureza, com espécies animais e vegetais interagindo na dança de sua sobrevivência pelos milênios. No momento daquele encontro ainda não havia os visitantes para tal fruição, mas havia o material, os projetos da construção, as planilhas para o levantamento da sede. E muito a fazer. Mas até o trabalho educacional para o meio-ambiente ser estruturado, até que as mudas das árvores crescessem e pudessem contribuir para o sequestro do carbono na atmosfera, eu precisava me concentrar no que podia ser feito hoje, agora, já.

Segundo, a questão social.

Foi no levantamento das edificações de base para a sede da Reserva que travei o meu primeiro contato com a sustentabilidade na prática. E também, com a comunidade do Corisco e os moradores do entorno. Cláudio, genro da Dona Lena, rapidamente tornou-se meu braço direito e passou a atuar diretamente na propriedade e nos cuidados da Reserva. Com ele, pude aos poucos ir aprendendo mais sobre em qual universo a Chão de Estrelas se encontrava. Até então eu era o forasteiro paulista que tinha comprado um pedaço de "mato sujo" nas altas terras paratienses. Chegar com meus saberes metropolitanos e impor regras não iria ajudar. Lembro-me bem de uma história que li sobre a implementação da Fordlândia, a cidade da Ford na Amazônia[1], e como

1. Projeto criado pelo industrial americano Henry Ford (1863-1947) no Pará, em 1927, para plantação de seringueiras e fornecimento de latex à sua companhia para fabricação de pneus. A substituição do látex por derivados de petróleo no processo levaria o empreendimento à ruína em 1945.

o choque entre a cultura americana e a população local contribuiu para tornar a empreitada um fracasso. Para começar, o problema da falta de interação. O próprio Henry Ford nunca chegou a pisar na cidade dos seus sonhos. Abriu ruas de concreto iluminadas por lâmpadas no meio da floresta paraense para lembrar a sua infância em uma típica cidadezinha puritana americana, sem intentar para questões simples como clima, pragas, doenças e, é claro, a cultura tradicional. A introdução da cultura fordista à força no meio da Amazônia foi um fracasso, os americanos abandonaram suas casas no fim da Segunda Guerra Mundial e ela é hoje uma cidade fantasma. Mais um exemplo de que não praticar a arte da escuta com as pessoas locais torna-se um grande passo em direção ao insucesso de qualquer projeto.

Por isso, quando se fala em interação local e projetos educacionais para uma comunidade, trata-se, sobretudo, de estimular ações sociais que valorizem o saber tradicional e o reconhecimento da população sobre a importância da própria história e da região onde vivem. A valorização de uma terra é também a valorização das pessoas que vivem nela – e vice-versa. Gera-se valor sobre o trabalho ali realizado, no sentido de preservação dessa terra.

Ações ambientais e educacionais que estimulem a comunidade local a interagir e a participar abrem um espaço para refletir em conjunto sobre como a sustentabilidade pode ser trabalhada de maneira contínua e uniforme, gerando um ciclo em que todos saem ganhando, sobretudo, as gerações que virão. Ampliando o alcance do conceito, vale investir em projetos que busquem inspirar todos os povos no sentido da interdependência global e responsabilidade compartilhada, voltado para o bem-estar de toda a família humana e das próximas gerações. Uma visão de esperança, que deve se tornar um chamado a agir.

O "pensar verde" em escala global, que considere o impacto ambiental em cada um de seus projetos, torna-se uma premissa para vislumbrar o futuro de todos nós. A ideia é que as sociedades possam ter jovens cada vez mais reflexivos em termos de sustentabilidade, desde a forma como gastam energia até aquilo que consomem e a busca por marcas responsáveis ambiental e socialmente, formando as novas lideranças do futuro, mais do que nunca focadas em uma forma de existência equilibrada com a natureza. A consciência ecológica, na base de sociedades que escolhem uma vida integrada ao bem-estar do planeta, cria por consequência um estilo de vida de menor impacto e menos consumista, já que bens de consumo provêm do uso excessivo de recursos naturais. É neste ponto exato que reside a grande questão. Afinal, para ser sustentável e gerar equilíbrio no campo ambiental e da valorização social, o pilar econômico também precisa estar firme.

Por fim, firmando o tripé, o fator econômico.

Eu, pelo menos, quando faço uma viagem a turismo, busco relaxamento e lazer, mas também imersão na cultura local. Estudos apontam que serviços, passeios e viagens que gerem momentos de lazer associados à aprendizagem serão cada vez mais consumidos. Vivências que levem as pessoas a se conectarem mais ao ser do que ao ter ganharão mais valor. Isso mudará diretamente a forma de consumo. Também os produtos gerados a partir dessa realidade, além de ambientalmente corretos, precisarão estar alinhados ao que oferecem em toda a sua cadeia de produção até a chegada final ao consumidor – desde a extração da matéria-prima e o planejamento de ações de distribuição até a forma como ela impacta a sociedade, na qualidade de vida das pessoas envolvidas e em como elas se relacionam. Isso porque este consumidor estará cada vez mais atento a essas histórias de aprendizagem, relacionadas aos produtos que consome, aos serviços que experimenta e às viagens que realiza. Manter um pensamento ecológico integral e colocá-lo em prática de forma efetiva em todo o processo será uma premissa para o mercado do futuro. Um passo que pode parecer grande para o produtor, mas que impactará diretamente em seus ganhos econômicos. Só então os valores de sustentabilidade poderão ser realmente divulgados pelo marketing. Mas como implementar um processo sustentável sem antes pensar nos ganhos econômicos, e vice-versa?

Ao abrir a pasta dos meus estudos sobre sustentabilidade para planejar as edificações que implantaria na Reserva, comecei a refletir, sobretudo, sobre essa imensa urgência em se mudar a mentalidade. Substituir as ideias extrativistas da terra, em que você a explora em benefício próprio até matá-la, por ideias integrativas, em que você a preserve e o mundo todo. Pensar em como a floresta em pé poderia gerar ainda mais ativos. Compreender o mercado de créditos de carbono. Analisar de que forma a regeneração da floresta gera benefícios econômicos para todos. Sentia ali que todas essas pesquisas contribuiriam para fomentar a ideia de uma economia em que o homem faz parte do ecossistema, e não é dono dele, atuando como um catalisador que contribui para que processos ambientais ocorram de maneira equilibrada. Mas, para isso, mais uma vez compartilhando a ideia de Allan Savory, seria preciso saber de antemão que o trabalho seria tão grande quanto as forças contrárias.

A ideia de que desmatar gera recursos econômicos ainda permeia os pilares que sustentam a nossa sociedade. Desde chamar de "mato sujo" a linda terra natural que forma a Chão de Estrelas, e não serve para a agricultura tradicional, até servir o alimento que se encontra em nossos pratos. Tudo parte de uma cadeia que acredita que derrubar a floresta é mais lucrativo do que preservá-la. Mas essa ideia possui fundamento? Quanto custa realmente derrubar a floresta? E quanto vale mantê-la em pé?

Por acreditar com todo o meu ser que um jequitibá de 3.050 anos é imensamente mais valioso do que um tronco gigantesco desmatado e encaminhado a uma serraria, eu lancei mão da utopia de conservação que guardava em minha pasta. Como uma semente hidratada, ela havia saltado da terra das ideias e gerado um primeiro broto, que se transformou na busca pelo conceito de sustentabilidade. E esse broto estava gerando um novo ramo, que procurava conhecer a real noção de produtividade.

5 / Quanto custa derrubar a floresta? Quanto vale mantê-la em pé?

Um dos trabalhos que apresentei em meu mestrado na FGV investigava a relação entre produtividade e desmatamento. Na pesquisa, fiz uma análise do desmatamento e sua relação com o preço das commodities, ou seja, revi os índices de desmatamento da Amazônia nos últimos 20 anos para averiguar se as queimadas na floresta realmente contribuíam para um aumento do Produto Interno Bruto brasileiro, a partir de produtos como a carne e a soja. O estudo se fazia urgente uma vez que, naquele ano de 2019, a área das queimadas na Amazônia chegou quase ao dobro em relação a 2018, com um crescimento de 84%. Isso sem contar que 2020 entraria para a história como o ano com o maior número de focos de incêndios da década, com um crescimeno de 15% em relação ao ano anterior.

No período em que fiz o estudo, relativo aos oito primeiros meses de 2019, a área das queimadas na Amazônia chegou 6 mil km², o que equivale a quase três vezes o tamanho de um país como Luxemburgo. O interessante – se é que dá para ver qualquer coisa interessante em números catastróficos como esses – é que o aumento verificado em 2019 não correspondia ao de outros anos que também apresentaram taxas recordes de incêndios. Ou seja, o alto índice de queimadas amazônicas em 2019 não acompanhava qualquer variação de ciclos econômicos, relacionados à valorização do preço de matérias-primas como a carne e a soja. Não se relacionava nem mesmo à compra de terras em momentos de incerteza econômica, fatores que foram determinantes em outros picos de desmatamento.

Interessado nesse descolamento entre produtividade e desmatamento, fiz então um recorte na pesquisa e defini o período de 1994 a 2018 para analisar as taxas do PIB da região e do desmatamento da floresta. Essa época foi escolhida porque da década de 1970 à de 1990 havia um consenso quanto à expansão da atividade agropecuária na Amazônia, com subsídios governamentais para tais empreendimentos. Mesmo depois disso, sem os incentivos oficiais, os números continuaram altos. O ano de 1995 registrou o maior pico do desmatamento, quando o poder aquisitivo dos brasileiros aumentou devido ao Plano Real – até então compreendia-se que, com mais dinheiro no bolso, maior o consumo de carne e alimentos e, portanto, os números do desmatamento eram justificados. Essa realidade se mostraria infundada quando, a partir de outro pico do desmatamento, em 2004, surgiram as políticas ambientais de preservação, levando ao menor índice do desmatamento de todos os tempos, em 2012. Foi aí que, pela primeira vez, houve a separação entre o preço das matérias primas e as taxas de desmatamento. As variáveis passaram a não andar mais juntas. Podia-se inferir, então, que derrubar a floresta não contribuía diretamente para o aumento do PIB agropecuário, que continuava em alta. Em dados e gráficos de fontes confiáveis, como o PRODES[2], do Instituto Nacional de Pesquisas Espaciais (INPE), finalmente era possível demonstrar que as queimadas na Amazônia não estavam diretamente relacionadas ao aumento de produtividade.

Desde meados dos anos 2000, há pesquisas que mostram a relação entre a variação do PIB e a devastação na Amazônia. O engenheiro florestal Paulo Barreto, do Instituto do Homem e Meio Ambiente da Amazônia (Imazon) estuda a relação de commodities e desmatamento há quase duas décadas. E seus estudos revelam que em 2019, mesmo não havendo mudanças significativas no preço dos produtos, as queimadas, já em tendência de alta, aumentaram ainda mais e continuam aumentando até o momento em que este livro é escrito.

---

2. O projeto PRODES realiza o monitoramento por satélite do desmatamento na Amazônia e produz, desde 1988, os indicadores usados pelo governo brasileiro no planejmento de suas políticas públicas no setor e ações de combate ao problema.

Esse é um fator contraintuitivo que deve ser olhado com muita atenção, já que, historicamente, a alta das queimadas florestais sempre acompanhou a economia. Em anos recorde, como 1995 e 2004, fatores econômicos relacionados ao valor das matérias-primas, mas também à especulação fundiária provocada por incerteza na economia, tiveram um papel relevante para o desmatamento. De acordo com o biólogo e cientista norte-americano Philip Fearnside, que pesquisa a Amazônia brasileira há decadas, o preço elevado desses produtos, principalmente do boi, estimulou produtores a derrubarem a mata, por acharem que ganhariam duplamente. Primeiro, vendendo a madeira e, depois, fazendo pasto, para vender a terra desmatada. Um padrão constatado em vários momentos e que piora ainda mais quando a expectativa é de que não vá haver punição.

Em uma análise dos números que relacionavam a produtividade ao desmatamento, constatei, enfim, que não havia indicadores que revelassem que a produtividade da região e o desmatamento andassem juntos. Meu objetivo com aquele trabalho era mostrar que manter a floresta em pé poderia ser mais vantajoso economicamente do que derrubá-la. Com os indicadores de que uma floresta derrubada não era tão valiosa assim bem na minha frente, precisava então levantar os dados que demonstrassem que preservá-la, promovendo também a regeneração das áreas desmatadas, podia gerar ganhos ainda mais valorosos. Que desenvolver a Economia da Floresta em Pé podia gerar para todos benefícios ambientais, sociais e também econômicos. Que tipo de desenvolvimento seria esse? Quais produtos poderiam ser oferecidos que valorizassem a integridade da terra e ajudassem a floresta amazônica a se manter mantida em toda a sua majestade?

Lendo o trabalho do professor Ricardo Abramovai sobre a economia do conhecimento da natureza, compreendi que o caráter predatório do desmatamento se exprime, antes de tudo, em seus próprios resultados econômicos, com áreas pouco propícias, inclusive, para a agricultura e a pecuária. Ou seja, desmatar não contribui para o aumento do PIB e ainda gera baixa produtividade. De acordo com os dados do cientista e climatologista Carlos Nobre, com seus 750 mil km² de área desmatada, a região amazônica contribui apenas com 14,5% do produto agropecuário brasileiro, ao contrário de São Paulo, que tem uma área de 193 mil km², três vezes menor, e entra com 11,3 % da produção nacional.

Percebe-se assim que a produtividade na agricultura tem mais a ver com o investimento em tecnologia do que com o desmatamento e a área cultivada. Inclusive, no relatório da Embrapa "Visão 2030: o futuro da agricultura brasileira", encontram-se dados alarmantes sobre o aquecimento global. As mudanças climáticas devem provocar perdas para agricultura de até 14 bilhões de dólare sem 2070. A soja seria a principal commodity a enfrentar os prejuízos, mas produtos como café, milho, arroz, feijão, algodão e girassol também deverão ser afetados. Lembrando que o desmatamento é responsável pela produção de 44% dos gases do efeito estufa no Brasil, de acordo com o Sistema de Emissões de Gases de Efeito Estufa (SEEG) do Observatório do Clima. Esses números foram divulgados em 2018, ainda antes do aumento expressivo das queimadas em 2019 e 2020. Ou seja, desmatar deixa de ser um bom negócio para todos, ficando a derrubada da floresta somente nas mãos de grileiros e agentes ilegais. É consenso, portanto, a urgência no aumento da fiscalização de áreas protegidas, bem como no investimento econômico para que a floresta seja mantida em pé.

Conhecer esses dados me trouxe um novo panorama sobre a preservação ambiental. Compreendi que os reais benefícios econômicos da floresta amazônica vão muito além de derrubá-la para plantação, pecuária e pasto. Que tais atividades dentro da floresta, além de não gerar os melhores resultados econômicos, geram prejuízos, tanto pela má qualidade do solo que deixam para trás quanto pela imagem econômica vulnerável que criam do Brasil, diante dos olhos internacionais.

De acordo com os indicadores do iVGR (Índice de Valor, Gestão e Relacionamento), metodologia desenvolvida por estatísticos da Universidade Federal de São

Carlos (UFSCar-SP) para a análise de imagem e reputação, percebe-se que o desmatamento gera um quadro negativo do Brasil em nível global. Os dados levaram em conta as reportagens publicadas, entre 1º de julho a 30 de setembro de 2019, nos jornais e revistas *The New York Times*, *The Washington Post* e *The Wall Street Journal* (EUA), *The Guardian*, *Financial Times* e *The Economist* (Inglaterra), *El Pais* (Espanha), *Le Monde* (França), *Bild* (Alemanha) e *Corriere della Sera* (Itália). Percebia-se diretamente que o desmatamento gerava uma imagem negativa do Brasil nos países compradores de matéria prima e influenciadores mundiais de comunicação, o que, de maneira indireta, criava empecilhos à produtividade econômica brasileira.

O que torna esses dados ainda mais graves, é que desmatar sai caro. O montante calculado para o desmatamento da Amazônia Legal no período de 1988 a 2014 foi de aproximadamente 223 bilhões de reais. De acordo com os dados do IBGE, um valor ligeiramente inferior ao PIB gerado pela região Norte do Brasil. Ou seja, os ganhos econômicos foram quase nada expressivos. E sabe qual é o investimento necessário para o reflorestamento?

O custo para reflorestar 12 milhões de hectares até 2030 – compromisso brasileiro anunciado na 21ª Conferência do Clima (COP-21), em Paris – pode variar de 31 bilhões a 52 bilhões de reais, a depender dos métodos de restauração. No caso de maior custo, significaria 3,7 bilhões de reais anuais em 14 anos, com a criação de até 215 mil empregos e a arrecadação de 6,5 bilhões de reais em impostos. Esses dados envolvem a Mata Atlântica e a Amazônia e está ao alcance das possibilidades econômicas do Brasil. Estes números foram calculados através do Instituto Escolhas, por técnicas e informações da indústria do reflorestamento. Vale lembrar que comunidades tradicionais, que vivem no interior de áreas florestais, podem dispor de tecnologias ainda mais acessíveis e baratas, no plantio de espécies nativas. Portanto, é hora de começar. Até mesmo porque promessa é promessa. Na Conferência de Paris, o Brasil assumiu a meta de recuperar 15 milhões de hectares de pastagens degradadas e expandir em 5 milhões de hectares a superfície dos sistemas de integração lavoura/pecuária/floresta. Para isso, seria necessário um investimento entre 27 bilhões e 31 bilhões de reais em recuperação de pastagens e de quase 8 bilhões de reais em sistemas de integração.

Dito isto, nada mais urgente que o Brasil cumpra a sua promessa à COP-21 e combata aqueles que realmente provocam as perdas do desmatamento, em atividades extrativistas quase sempre ilegais, longe das inovações tecnológicas, das economias contemporâneas e de dados factíveis sobre a geração do PIB brasileiro. A regeneração da floresta pode contribuir, e muito, para o desenvolvimento econômico real, em uma sociedade próspera e equilibrada com o meio-ambiente.

O caminho está dado. O primeiro passo é mudar a mentalidade. O segundo, compreender o valor dos serviços intangíveis e incalculáveis que a natureza oferece, em seus milhões de anos de evolução, muito antes de nós, do escambo, do comércio, da invenção do lucro e do mercado internacional.

6 / Créditos de carbono não têm passaporte

Na minha pasta de pesquisas de "acadêmico do mato", tirei uma calculadora e busquei fazer algumas contas. A primeira delas se referia a quanto uma floresta gigantesca como a amazônica oferece de valores para a manutenção da biosfera e de todos os seres vivos. Não conseguir fazer o cálculo. De maneira geral, os valores amazônicos ainda são calculados com base em uma ótica mercadológica, que não presta o devido cuidado para o valor de seus serviços intangíveis. A decisão de converter uma floresta em usos agropecuários e comerciais nem sempre é acompanhada de uma criteriosa avaliação sobre todos os benefícios gerados, em termos econômicos de manutenção da vida.

Os valores intangíveis que a Amazônia oferece, tais como o controle do clima e do ciclo de água, possuem também atributos de bens universais. O desmatamento ao longo dos anos prejudica o bem-estar geral da população humana, devido à perda desses serviços ecossistêmicos. No Brasil, colocar a floresta abaixo é considerado um dos três grandes emissores de gás carbônico na atmosfera, seguido pela agricultura e pela pecuária, que, como vimos, sempre foram consideradas consequência do próprio desmatamento. É por essas e por outras que o tema da preservação florestal tem adquirido importância crescente na agenda ambientalista mundial. Tanto por sua biodiversidade, quanto pelo seu sequestro de CO_2 da atmosfera.

Afinal, estamos no seguinte momento:

Se nossas emissões provocarem um aumento da temperatura global de mais de 2 °C, a humanidade enfrentará uma crise climática muito mais trágica do que a pandemia. A Organização das Nações Unidas alertou que o mundo precisa limitar o aumento da temperatura média global a menos de 1,5 °C em relação aos níveis pré-industriais. Porém já estamos quase 1 °C mais quente. Os 20 anos mais quentes foram registrados nos últimos 22 anos. Se essa tendência continuar, as temperaturas poderão subir entre 3 °C e 5 °C até 2100. Um grau pode não parecer muito, mas, segundo o Painel Intergovernamental sobre Mudanças Climáticas, o IPCC, se os países não tomarem uma atitude, o mundo enfrentará mudanças catastróficas sem precedentes. O nível do mar vai subir, a temperatura e a acidez dos oceanos vão aumentar e a nossa capacidade de cultivar alimentos como arroz, milho e trigo estará em risco.

De acordo com os cientistas, cumprir a meta de 1,5 °C exige mudanças rápidas e de longo alcance em todos os aspectos da sociedade. Se somarmos todas as promessas para reduzir as emissões de gases que provocam efeito estufa pelos países que assinaram o Acordo de Paris, o mundo ainda esquentaria mais de 3 °C até o fim deste século.

Por isso, a ONU pediu aos países que cumpram seu compromisso de restaurar, pelo menos, 1 bilhão de hectares degradados de terra, uma área do tamanho da China, na próxima década. O documento foi elaborado pelo Programa das Nações Unidas para o Meio Ambiente (PNUMA) e pela Organização das Nações Unidas para Alimentação e Agricultura (FAO) para a chamada década da restauração dos ecossistemas (2021-2030). Os países também precisam assumir compromissos semelhantes para os oceanos, já que a humanidade está usando cerca de uma vez e meia vezes a quantidade de serviços que a natureza como um todo poderia fornecer de maneira sustentável. Ou seja, ultrapassamos em quase o dobro a capacidade da Terra renovar seus recursos para o nosso consumo.

Segundo o relatório, a conservação de ecossistemas equilibrados ainda existentes, embora vital, já não é mais suficiente para frear as consequências das mudanças climáticas. Agora, mais do que preservar, é preciso renovar, ajudar os ecossistemas a se regenerarem, sendo que alguns contam com danos irreversíveis. Aqueles ecossistemas que ainda conseguem se regenerar, necessitam agora da ajuda sintrópica do ser humano, ou seja, a contribuição para a volta do equilíbrio de seu sistema natural. Mãos humanas, mais do que nunca, agora devem trabalhar para a regeneração da biodiversidade do planeta. É importante enfatizar que os quase 2 bilhões de hectares degradados incluem algumas das áreas mais pobres e marginalizadas do mundo. De acordo com o relatório, a degradação ambiental já afeta o bem-estar de cerca de 3,2 bilhões de pessoas – ou seja, 40% da população mundial.

A boa notícia é que os custos globais da restauração terrestre podem gerar benefícios econômicos. De acordo com os dados da ONU, os investimentos na regeneração do planeta são estimados em, pelo menos, 200 bilhões de dólares por ano até 2030. O interessante nessa conta grandiosa é que, para cada dólar investido, a previsão é da geração de até 30 dólares em benefícios econômicos. De fato, usando as palavras do próprio relatório da ONU para a próxima década, "ganhos massivos nos aguardam" se as tendências da degradação forem revertidas para a regeneração. Por isso, ações que "previnam, interrompam e revertam" a situação predatória que estabelecemos para o nosso planeta são urgentes e necessárias. Primeiro porque contribuem para cumprir a meta do Acordo de Paris de manter o aumento da temperatura global abaixo de 2 °C. Segundo porque pode ajudar a evitar até 60% da extinção de biodiversidade esperada se a regeneração for combinada com ações para interromper a degradação. Além disso, a restauração de ecossistemas também contribui para alcançar vários Objetivos de Desenvolvimento Sustentável, incluindo saúde, água limpa, paz e segurança, e também metas das três Convenções do Rio sobre Clima, Biodiversidade e Desertificação, firmadas desde a Rio-92. Por fim, também podem ser "altamente eficientes" na produção de vários benefícios econômicos e sociais, aliados aos ambientais. Um desses passos que geram resultados econômicos são os créditos de carbono, uma autorização para que uma empresa ou um país emita gases de efeito estufa até determinado limite. Quem polui e emite mais tem que comprar créditos. Quem polui menos pode vender licenças extras. Cada crédito corresponde a 1 tonelada de dióxido de carbono (CO_2).

Ou seja, o crédito de carbono é uma moeda que funciona para que o comércio de emissões ajude na negociação entre os países que superaram suas metas e os países que não conseguiram atingi-las. Assim, o mecanismo ajuda na manutenção do projeto de redução de gás carbônico na atmosfera, equilibrando o nível de emissões, contribuindo para o desenvolvimento sustentável no mundo. Hoje, ele é visto como uma forma de viabilizar e atingir as metas do Acordo de Paris.

Como dizem, créditos de carbono não têm passaporte, mas como usá-los no Brasil? Eles me pareciam uma ótima moeda inicial para circular nos ares da Reserva, viabilizando a regeneração de árvores nativas da Mata Atlântica, contribuindo para tornar o projeto sustentável e, ao mesmo tempo, alcançar as metas propostas pela ONU quanto à restauração de ecossistemas para a próxima década. Antes, porém, eu precisava entender de que forma funcionariam na Chão de Estrelas esses créditos que alguns já chamavam de "as commodities do futuro".

7 / Brasil, o país com a maior commodity do futuro

"Magnífica iniciativa! Meu conselho para você: faça as coisas com moderação, e uma de cada vez. Teste para ver se dá certo e aí faça a próxima. Se não der certo, refaça, aprenda e vá em frente. Cuidado com aqueles que querem realizar seus planos através de você, e por isso podem acabar te incentivando a pular etapas.

Abraços e boa sorte."

Este foi um conselho do meu grande amigo Roberto Klabin, experiente na criação de reservas ambientais, quando contei a ele sobre o projeto Chão de Estrelas. De todas as suas palavras, me marcou sobretudo a importância de realizar uma etapa de cada vez. E àquela altura dos planos, a primeira etapa que deveria ser realizada já estava clara em minha mente. Antes de levantar as edificações, antes de fazer girar a agrofloresta, antes de traçar os planos dos projetos ambientais e do ecoturismo, eu precisava ir em busca de mantenedores, para tornar a reserva sustentável desde o início. Sabia que depender dos serviços e produtos gerados, nesse caso, não seria produtivo, mas sim investir na economia da restauração da natureza, em que a própria regeneração da Mata Atlântca pudesse oferecer recursos intangíveis, com benefícios ecossistêmicos e resultados econômicos. Assim, além da floresta em pé, mantinha-se também a Reserva Chão de Estrelas de pé.

Busquei inicialmente compreender como funcionava o mercado de créditos de carbono. Descobri que ainda não há regulação e nem definição da precificação do carbono, mas que muitas nações e empresas esperam que ela aconteça em breve. De fato, esse mercado já acontece em uma frente voluntária, da qual o Brasil faz parte. Como vimos, um crédito de carbono representa a não emissão de uma tonelada de carbono na atmosfera. Para fazer a mensuração de quantos créditos de carbono serão gerados por uma atividade econômica, deve-se comparar os cenários antes e após a alteração feita. Os créditos serão emitidos então pelo Mecanismo de Desenvolvimento Limpo (MDL), criado no âmbito do Protocolo de Quioto (1997). Existem diversas formas de gerar créditos de carbono, seja na substituição de combustíveis fósseis por energias renováveis, em campanhas de consumo consciente ou pela contribuição na diminuição do desmatamento. Essa alternativa passou a ganhar força nos últimos anos. O Brasil tem a vantagem de possuir, além das opções de combustível limpo, também as florestas que removem carbono da atmofera. A maior parte dos países não tem um nem outro e poderão precisar comprar créditos de carbono do Brasil. Dessa forma, nosso país tem a chance de entrar com tudo nesse mercado, com a exportação de serviços ambientais.

De acordo com projetos que regulamentam o mercado de negociação de créditos de carbono no país, o Brasil tem cerca de 250 milhões de toneladas de gás carbônico acompensar desde 2005. Com isso, estima-se uma receita de 2,5 bilhões de dólares. Mesmo com potencial para saciar esse mercado, o Brasil tem ficado para trás na corrida do "ouro do futuro", como já é apelidado o crédito de carbono. De acordo com o ex vice-presidente americano Al Gore, essa moeda global da sustentabilidade tem chances de mudar todas relações comerciais em curto prazo, por ser uma mudança da magnitude da Revolução Industrial, mas com a velocidade da revolução digital. Empresas gigantes do mercado internacional, como Microsoft e Apple, têm investido em metas para neutralizar suas emissões de carbono até 2030. O mercado global parece compreender que o progresso não pode mais se sobrepor ao seu efeito colateral. Estamos todos dentro daquele avião, indo em massa para o choque com a montanha gigantesca das mudanças climáticas. Precisamos olhar para essa realidade já. Negócios de compra e venda de créditos de carbono tendem a estar em alta, e cada vez mais.

Dentro do mercado regulado, os países ou territórios impõem metas obrigatórias de redução para cada setor produtivo. As empresas compram esses ativos sustentáveis quando suas metas de emissão são ultrapassadas e vendem quando suas emissões são reduzidas, sendo permitido apenas a comercialização de créditos entre empresas do mesmo território. As transações são feitas nas bolsas de valores internacionais. Já no mercado voluntário, qualquer pessoa, empresa ou instituição pode vender ou comprar créditos de carbono certificados. As transações se dão em acordos bilaterais e o valor varia muito conforme o tipo de projeto e, claro, o volume de créditos. Os projetos que tendem a ter mais apelo são os voltados à conservação de florestas, já que podem ser mais interessantes para o marketing de uma empresa.

Neste cenário, o Brasil tem a maior capacidade de reflorestamento entre todos os países, uma matriz energética majoritariamente limpa e a maior floresta tropical do mundo, o que poderia colocá-lo na liderança global do mercado de carbono. Acontece que, hoje, ainda somos o sétimo em geração de créditos no mercado voluntário de carbono. Quando o comércio começou, em meados de 2006, fomos o terceiro e, desde então, temos perdido posições, também por questões políticas. Os projetos de regulação dos créditos de carbono têm passado pelas pastas da Economia, do Meio Ambiente e da Ciência, Tecnologia e Inovações, mas parecem não avançar. De acordo com Fábio Feldmann, ambientalista e fundador da ong SOS Mata Atlântica, há uma boa perspectiva de se criar um mercado de carbono interno, com um imenso potencial desse ativo sustentável, usando como chamariz uma política de desmatamento zero. Para Feldmann, o Brasil pode ser para o mercado de CO_2 o que a Arábia Saudita é para o mercado de petróleo, mas, infelizmente, ainda certifica uma parcela ínfima de créditos de carbono em relação a todo o seu potencial.

Enquanto isso, o mercado de créditos de carbono aguarda uma regulamentação específica global. Enquanto isso, espera-se pela aprovação de uma precificação regulada em termos mundiais. Enquanto isso... A Chão de Estrelas nunca ficou parada e vem atuando dentro da realidade do mercado voluntário, reafirmando o seu compromisso de descarbonização. Com os projetos de reflorestamento, conservação e iniciativas no ecoturismo e na educação ambiental, organizei uma apresentação para levar a possíveis mantenedores. Entre as iniciativas elegíveis para atuar no mercado de créditos de carbono, estavam a recuperação do solo do pasto degradado, a integração lavoura-floresta através da implementação agroflorestal, a regeneração de árvores nativas da Mata Atlântica e a conservação da área protegida. Logo percebi o interesse por parte de produtores, investidores e compradores desses créditos, como uma nova fronteira a ser explorada.

Foi assim que recebi a feliz notícia de ter a Unigel, empresa da qual faço parte do conselho da família, como a primeira mantenedora da Reserva Chão de Estrelas. Além do interesse no mercado de créditos de carbono, havia a percepçao do valor de agregar o projeto no portfolio da empresa. Como vimos, quase a metade das emissões brasileiras de carbono, hoje, origina-se no desmatamento. Como um ativo sustentável que atua diretamente em direção contrária a esses dados, a regeneração florestal deve, mais do que nunca, ser incentivada, por meio do aporte econômico de empresas e também de políticas que ajudem a regulamentar o mercado de créditos de carbono bem como a diminuir os índices do desmatamento. Infelizmente, ainda é difícil para o Brasil negociar créditos com o nível do desmatamento em alta. Isso prejudica o preço dessa commodity tão valiosa a ponto de, em 2019, quando tivemos um dos maiores índices de queimadas na Amazônia, o preço médio pago por compradores europeus foi de cerca de 2 dólares para créditos gerados no Brasil. A título de comparação, um valor bem abaixo do praticado em países como Uganda (US$ 3,79), Quênia (US$ 3,97), Guatemala (US$ 3,65) e Indonésia (US$ 6,85), na mesma época.

Por isso, há a urgência da junção de investimento de empresas e políticas públicas no combate ao desmatamento e no processo de regeneração das florestas. Além dos benefícios ambientais e sociais, essa escolha trará benefícios econômicos de grande porte para o Brasil, transformando-nos no país que merecemos ser. Há uma demanda mundial por redução de carbono. Com a regulamentação correta, o valor da tonelada de carbono aumenta. Com a alta no preço, o mercado brasileiro cresce. Com o crescimento econômico, é possível mostrar na prática como é realmente valioso manter a floresta em pé. Temos a mais valiosa commodity do futuro. Assim, é possível cuidar do meio-ambiente para cuidar das pessoas, para cuidar da economia, e vice-versa.

Aberta a pasta de "acadêmico do mato" com todos os estudos de sustentabilidade, todos os gráficos do desmatamento versus produtividade, todas as pesquisas sobre os ganhos econômicos da regeneração da floresta, estava pronto para partir para o campo. Foi o que eu fiz. Agora, com a tranquilidade de ter um primeiro mantenedor para tornar a reserva realmente sustentável, segui para um mergulho ambiental naquelas terras. Queria ver de perto o jequitibá da reserva, depois o palmito juçara a ser plantado na agrofloresta, depois a muda do cedro e do jatobá e assim por diante. Como disse meu amigo Roberto Klabin, uma coisa de cada vez.

Vista da agrofloresta, em primeiro plano, com a baía de Paraty ao fundo

Trecho de mata preservada na Reserva

O maior jequitibá da região de Paraty

II

8 / Mata Atlântica, tristes trópicos

A Mata Atlântica foi, um dia, associada à floresta amazônica.

Mesmo distinta e com outro tipo de bioma, a Mata Atlântica, certa vez, formou com a Amazônia a mesma geomassa continental e esteve, durante longos períodos geológicos, em contato com ela. Juntas, essas duas florestas gigantes formavam a mesma zona biogeográfica, mais rica e abundante em espécies que todas as outras florestas tropicais do planeta.

Por si só, a Mata Atlântica é de uma diversidade tão extraordinária, levando-se em conta seu tamanho modesto em relação à sua vizinha Amazônia, e contém um número tão impressionante de espécies endêmicas, com formas de vida tão peculiares, que seu caráter único no planeta é indiscutível.

Também é indiscutível a sua devastação.

Desde que o homem se viu impelido a buscar novos territórios além das savanas abertas, as florestas tornaram-se um desafio à sua sobrevivência. O homem precisou manejá-las, abrir clareiras, construir suas casas, já que era mais rápido adaptar-se a elas dessa maneira, com o seu polegar opositor e um tacape na mão para derrubar uma árvore, do que esperar um processo de co-evolução homem-floresta, o que, de fato, nunca ocorreu.

Para viver no meio da floresta, seus moradores humanos simplesmente a derrubavam. Florestas como a Mata Atlântica são desmatadas desde os caçadores coletores e por isso hoje fica difícil saber se a floresta nativa que conhecemos é realmente uma remanescente dos tempos acestrais. Mas, é claro, nada foi tão devastador como o que houve nos tempos da colonização.

Há 500 anos, uma cultura dita "civilizada" se apossou dessas terras para consumir a sua riqueza natural até o sumo. Uma exploração que jamais parou de crescer. Desmatamentos na Mata Atlântica e incêndios amazônicos, como os que aconteceram em agosto de 2019 e deixaram o céu de São Paulo, distante 3 mil quilômetros da área da floresta, vermelho no mesmo tom das chamas, ocorrem de forma sistemática há 500 anos. São apenas a continuidade de um assassinato coletivo de árvores que acontece desde que os europeus pisaram pela primeira vez nestas terras. Isso porque, ao longo da história, as florestas raramente são reconhecidas como entidades em si mesmas, verdadeiras sociedades, compostas de milhares de espécies de plantas e animais. Servem, no máximo, como um cenário de fundo para nossas próprias histórias.

Como diz o historiador americano Warren Dean em seu livro *A Ferro e Fogo – A História e a Devastação da Mata Atlântica Brasileira*, as florestas nada mais são do que seres feitos para morrer, no grande plano de expansão da ambição humana. E também no âmbito de sua pressa, que atua em descompasso com o tempo e o ritmo da natureza. De acordo com o professor João de Deus Medeiros, do Departamento de Botânica da Universidade Federal de Santa Catarina (UFSC), ao dominar o fogo, a inteligência humana se rendeu ao imediatismo, procurando então recriar suas pequenas savanas: as clareiras nas florestas. Foi essa mesma inteligência que criou o machado, e as savanas foram se ampliando mundo afora. Para construir suas casas, o homem derrubou as árvores. Para levantar suas próprias paredes, ele desmatou. Desmatou para produzir lenha e fazer fogo. Desmatou para sobreviver e evoluir, enquanto a floresta morria. E continua a morrer.

Isso porque a convivência do homem com a floresta nunca foi lá muito aconchegante. As copas das árvores eram fechadas, não permitiam a passagem da luz, a visão ficava turva em meio a tantas espécies e seguir em frente era cheio de obstáculos. Algo escuro, perigoso, assustador. Sobretudo, descivilizado. Botânicos da época de ouro da taxonomia, atirados nesse mundo vegetal, ao mesmo tempo maravilhoso e aterrorizante, ficavam paralisados. O próprio Charles Darwin achou "quase impossível dar uma ideia adequada" de suas emoções quando conheceu a Mata Atlântica. De acordo com o que anotou em seus diários, sua "razão" lhe dizia que ela era linda, mas as sensações não correspondiam. O biólogo alemão Von Martius, diante da visão da Mata Atlântica, a um tempo "exaltado e incomodado" pela passagem por suas matas sombrias, confessava o "pasmo" diante do Todo Poderoso, que "conjurou em uma língua selvagem e desconhecida" uma manifestação de força e majestade escandalosamente amoral, dissoluta, atemorizante.

Assim é até hoje a sensação para quem tem a oportunidade de entrar em uma faixa nativa da Mata Atlântica. Abundância, temor, encantamento. Um artista diante de uma flor de ipê, por exemplo, pode até conseguir retratá-la, mas terá imensa dificuldade de capturar a floresta como um todo. Nenhuma pintura ou foto conseguem captar a presença envolvente e misteriosa da floresta. Ela é um verdadeiro acontecimento, natural e grandioso. Por isso sempre gerou temor no pequeno homem que, ao mesmo tempo apavorado e fascinado, nada mais fazia do que derrubá-la. Assim a floresta se tornou valiosa não por sua magnitude, mas pelo potencial extrativista que gerava riqueza ao homem.

Assim, para crescermos em nossas civilizações desnaturalizadas, dominamos e matamos nossas florestas, sem compreender que éramos parte dela, parte de um todo, parte da Terra que autorregula seu clima a partir das árvores e da troca de dióxido de carbono por oxigênio que fazem permanentemente. Olhando por esse prisma, é interessante – para não dizer trágico – notar que ao derrubar uma árvore o homem ameaça uma parte de seu próprio corpo. Ele destrói a fonte do oxigênio que será absorvido por seus pulmões. Ele extermina a origem do seu sopro de vida.

Sendo a fonte primal da existência humana, a floresta deveria ser olhada como nossa mãe. Como parte inerente de nossa família viva, que constitui o planeta. Ela estava aqui bem antes de nós, antes de que o homem, seu filho imaturo e inconsequente, a destruísse e a colocasse abaixo. Ao aportar suas naus em uma costa verde e exuberante, o colonizador europeu logo colocou a desserviço da floresta toda a sua tecnologia civilizatória. A eficiência foi tamanha que, em apenas cinco séculos "manejando" a Mata Atlântica, conseguiu subverter a lógica natural da terra. Transformou um ambiente abundante em mera paisagem, em um simples quintal de sua casa, criado à custa de árvores. Pode-se dizer, assim, que a Mata Atlântica é o campo mais recente para a batalha homem versus floresta, uma batalha que a natureza não escolheu lutar. E da qual, infelizmente, conhecemos bem o vencedor. Ele ainda vagueia por toda parte, como diz Willian Dean, "saqueando as espécies restantes e incendiando o entulho".

Foi um grande passo até que eu começasse a perceber a natureza como uma mãe, que oferece tudo que precisamos para a nossa existência, sem pedir nada em troca. E como tratamos mal a nossa mãe! Ainda não conseguimos olhá-la como a fonte primal de nossas existências. Ainda não conseguimos compreendê-la em sua magnitude e complexidade. Por nossas limitações, não podemos venerá-la em seus esforços para nos dar a vida. Colocamos sempre o sustento econômico em primeiro plano e, mesmo como seus filhos, mesmo nutridos por seu oxigênio, continuamos a matá-la. Continuamos a destruir a nascente original de nossas vidas. A não ser que olhemos de frente para essa dura verdade, a não ser que façamos uma modificação estrutural na forma como enxergamos os recursos da floresta, a devastação em massa continuará. Precisamos compreender que fazemos parte da floresta, não somos o seu dono. Precisamos respeitar o seu espaço e a sua construção natural da vida, em vez de dominá-la.

Há 500 anos, temos desrespeitado a Mata Atlântica.

Temos destruído a sua biodiversidade prejudicado seus serviços naturais, que incluem benefícios tangíveis e intangíveis para os seres humanos. Os recursos ambientais prestados pela Mata Atlântica são essenciais para a qualidade de vida da população humana, tais como a regulação do clima, a proteção das bacias hidrográficas e do solo, o controle da erosão, a prevenção de inundações e a polinização. Todos fundamentais para o bem-estar humano. Todos nunca devidamente valorizados.

Toda vez que a Mata Atlântica capta dióxido de carbono da atmosfera, ela o transforma em biomassa. Toda vez que uma faixa de Mata Atlântica é queimada ou desmatada, o carbono armazenado nela é liberado. Isso afeta o clima em que vivemos, o ar que respiramos, a água que bebemos. Florestas como a Mata Atlântica agem como esponjas, que sugam a água das chuvas e devolvem para os rios. Elas protegem os cursos d'água e mantêm sua qualidade, reduzem sedimentos, filtram poluentes. A perda da Mata Atlântica contribui para a erosão, a diminuição da qualidade da água e as mudanças nos fluxos hídricos. Atualmente, a escassez de água atinge mais de 40% da população mundial, de acordo com o relatório do Programa das Nações Unidas para o Meio Ambiente. Milhões de brasileiros que vivem em metrópoles como São Paulo e Rio de Janeiro dependem da saúde das bacias hidrográficas da Mata Atlântica.

Mesmo assim, só em 2020 foram desflorestados um total de 14.502 hectares desse bioma, com crescimento de 27,2% comparado ao ano anterior. As informações da Fundação SOS Mata Atlântica e do Instituto Nacional de Pesquisas Espaciais (INPE) atestam a triste realidade. Apesar de ser uma das regiões mais ricas do mundo em biodiversidade, apesar de prestar serviços de regulação do clima e abastecimento de água, a Mata Atlântica continua a ser um dos biomas mais ameaçados do planeta, contando com apenas 12,4% de sua floresta original.

Se pararmos para pensar, a área da Mata Atlântica abrange 15% do território nacional. Passa por 17 estados. É o lar de 72% dos brasileiros. Concentra 70% do PIB nacional. Abastece de água mais de 100 milhões de pessoas. Por que então estamos desmatando a nossa casa? Por que estamos deixando sem proteção a maioria dos animais e plantas ameaçadas de extinção do Brasil? Das sete espécies brasileiras consideradas extintas nos últimos tempos, todas elas se encontravam na Mata Atlântica. A maior parte das nações indígenas que habitavam a região, por ocasião da colonização, já foram dizimadas. As que ainda existem, vivem em situação precária em terras ameaçadas. Isso sem contar que boa parte do resto do que um dia foi a Mata Atlântica encontra-se hoje em encostas de grande declividade, com instabilidade geológica, em risco de se perderem para sempre. Catástrofes como enchentes e desmoronamentos ocorrem com frequência em áreas urbanas onde a floresta foi suprimida, resultando em consequências econômicas e sociais extremamente graves. Então volta aqui a pergunta: por que estamos destruindo o lugar onde vivemos?

A proteção do que ainda resta da Mata Atlântica é gerida pelas Unidades de Conservação, as UCs, que cobrem uma pequena parte das áreas preservadas. A outra parte pertence a propriedades privadas. Para ser mais exato, apenas 2% da área original da Mata Atlântica está protegida em UCs de proteção integral: parques nacionais, estações ecológicas e reservas biológicas. Essa área é insuficiente para assegurar a sobrevivência de muitas espécies. Portanto, tendo a acreditar que um dos motivos pelo qual temos destruído a nossa própria casa seja a desinformação. Não temos a percepção de que o que fizermos no quintal de nossa propriedade privada possa fazer a diferença nos serviços ecossistêmicos da Mata Atlântica, na regulação do clima do planeta como um todo. Isso impacta diretamente nas ações contra o aquecimento global. Não podemos nos esquecer: quase metade da liberação de gás carbônico no Brasil vem do desmatamento. O desmatamento tropical mundial libera quase 30% da emissão líquida de gases do efeito estufa, cenário em que o Brasil representa importante papel.

Por isso, faz-se urgente a criação de novas Unidades de Conservação junto aos governos, além de incentivos a proprietários de terra e a organizações para a abertura de Reservas Particulares do Patrimônio Natural, as RPPNs, como a Reserva Chão de Estrelas. Todo proprietário de terras pode voluntariamente proteger suas áreas de florestas de forma legal e receber isenção fiscal por isso. Sem contar que o emprego de métodos de produção sustentável em torno dessas áreas preservadas contribui ainda mais para a proteção das florestas a longo prazo. Felizmente, a região da Mata Atlântica é considerada o berço do movimento ambientalista no Brasil e concentra algumas das universidades, centros de pesquisas e ONGs mais renomadas do país. Infelizmente, por outro lado, o trabalho a ser feito é longo. O desmatamento da Mata Atlântica continua a crescer. A destruição da terra em que vivemos continua a todo vapor.

Gostaria com todo o meu ser de cuidar desta casa. Gostaria de contribuir com minha pequena parte para regular o fluxo dos mananciais de água, para manter a fertilidade do solo, para ajudar no equilíbrio climático. Gostaria de contribuir para a proteção de encostas das serras. Para cuidar da qualidade dos alimentos, frutas, vegetais e plantas medicinais. Para gerar uma fonte de lazer, apreciação da natureza, realização de ecoturismo e educação ambiental. Para oferecer qualidade de vida. Gostaria de contribuir, sobretudo, para criar a consciência da conservação e regeneração florestal para as gerações futuras.

Assim, sobrevoamos a Mata Atlântica como um todo. Assim, fechamos o zoom sobre o seu trecho localizado especialmente na divisa dos estados do Rio de Janeiro e São Paulo, mais precisamente na cidade de Paraty. Assim, regulamos o foco e chegamos à Reserva Chão de Estrelas, naqueles 200 hectares de terra, parte preservada, parte desmatada. Sobre elas, nós nos perguntamos: como aplicar na prática a proteção da Mata Atlântica?

Seria preciso ver aquele pedaço de chão como uma verdadeira constelação de estrelas. Da fertilização do solo à plantação de mudas nativas, da geração de energia ao monitoramento de aves, cada gota do rio, cada tangará e tiê sangue, cada ipê e jacarandá precisavam brilhar em seu papel natural, orbitando a manutenção da diversidade da vida. Quanto a mim, busquei ir ao início de tudo, saí sobrevoando as árvores e as flores da Mata Atlântica como as pequenas grandes agentes que regem toda essa dança: as abelhas.

9 / Tudo começa com elas, as abelhas

Albert Einstein disse certa vez que, sem as abelhas, o planeta Terra chegaria ao fim em poucos anos. Em suas caminhadas, enquanto um jovem estudante na Suíça que se preparava para entrar na Escola Politécnica de Zurique, ele se sentava debaixo das árvores para observar o fenômeno da luz. Provavelmente, ali em meio às flores, além dos estudos dos fenômenos óticos, observou também como o trabalho dessas pequenas voadoras é fundamental para a reprodução vegetal em nosso planeta. De acordo com seus cálculos, se as abelhas desaparecerem da face da Terra, a humanidade teria apenas mais quatro anos de existência. Sem abelhas, não há polinização e, portanto, não há reprodução da flora, sem flora não há animais e sem animais não haverá raça humana.

Entretanto, o que temos vivido é o oposto disso. Mortes em massa de abelhas têm causado reduções severas em diversas espécies. Essas polinizadoras também vêm perdendo o seu habitat natural para a monocultura comercial em larga escala. Isso sem contar que as mudanças climáticas afetaram espécies nativas em todo o mundo. Só nos Estados Unidos, levaram mais de uma dúzia de abelhas americanas à lista de espécies ameaçadas. O que é contraditório é que as abelhas são justamente responsáveis por gerar mais de 200 bilhões de dólares por ano em produção de comida no mundo todo. Estima-se que a polinização esteja associada a cerca de 10% do PIB agrícola, um trabalho gratuito fornecido pelas abelhas, no que chamamos de "serviços ecossistêmicos". Elas polinizam plantações de legumes, grãos, frutas e, por meio delas, cerca de 80% das plantas se reproduzem. Afetam assim a vida humana diariamente sem que ninguém perceba.

De acordo com os dados da Organização das Nações Unidas para Alimentação e Agricultura, três em cada quatro dos cultivos mais importantes para o consumo humano e mais de um terço da terra cultivada no planeta dependem de polinizadores. Isso para alimentos direcionados aos seres humanos de forma direta, mas também de forma indireta, através de insumos para a pecuária e a produção de vestimentas e remédios. Ainda assim, nosso modo de vida tem exterminado essas pequenas colaboradoras. Só em 2019, estima-se que meio bilhão de abelhas morreram no Brasil. Diante desse cenário catastrófico, o que podemos fazer? Qual passo poderíamos dar na Chão de Estrelas para ir ao encontro da preservação e perpetuação das abelhas?

Sempre fui atraído pela apicultura e me interessava muito conhecer mais dessa técnica. A apicultura é a arte da criação de abelhas com ferrão, uma criação racional para o lazer ou a extração de produtos como o mel, própolis, pólen e cera. Com esse objetivo, convidei Marcelo de Moura para estudar e implantar a apicultura como o primeiro passo a ser dado na Chão de Estrelas. Acreditava tanto na causa das abelhas que, mais do que aprender aquela arte, da qual eu desconhecia o manejo, queria saber como poderíamos exercer a técnica para aumentar o número de espécies e contribuir, a partir do nosso pedaço de chão, para a polinização da Mata Atlântica como um todo.dFoi assim que fui introduzido a um mundo novo, que até então eu desconhecia: a meliponicultura.

As melíponas são abelhas nativas e sem ferrão. Na apicultura, há o manejo de abelhas com ferrão, uma atividade altamente produtiva, apesar de perigosa. A ápis é uma abelha de origem exótica, gerada a partir do cruzamento de abelhas europeias com africanas, enquanto as melíponas são originárias do Brasil. Uma caixa de abelha ápis chega a produzir 50 quilos de mel em uma colmeia, ao tempo em que as melíponas produzem, no máximo, cinco quilos por colmeia. Mas a meta não era justamente preservar a mata nativa e tudo que houvesse de mais originário naquela região?

A polinização é o transporte de pólen de uma flor para outra, de modo que por meio dela as flores são fecundadas, desenvolvendo frutos e sementes. Também é feita pela água, vento e por muitos outros animais, como borboletas e beija-flores, mas a abelha é o animal polinizador mais famoso justamente pela capacidade de polinizar mais rápido, voando em ziguezague. Abelhas nativas, as melíponas sabem se comunicar exatamente com cada tipo de flor do bioma, levando em conta a estação do ano e o clima. Há flores da Mata Atlântica, por exemplo, que as abelhas ápis não visitam, mas as melíponas, sim, contribuindo para a preservação de diferentes espécies vegetais, especialmente as frutíferas locais, que só tipos específicos de melíponas colonizam.

Começamos assim a criação de abelhas nativas da Mata Atlântica, algumas delas com os nomes mais lindos que eu jamais tinha ouvido, como a mandaçaia, a uruçu amarela, a jataí, a miringuaçu, a manduri. Eu me deliciava com aqueles nomes voando por ali, na certeza de que íamos pelo caminho certo de nossa pesquisa prática em sustentabilidade. Iniciamos com 100 mil indivíduos, com a meta de chegar a 500 mil abelhas dentro de poucos anos. Uma caixa viraria duas, que depois virariam quatro, e assim por diante, dentro da criação racional, com a ajuda humana. Criamos vinte ninhos diferentes, alguns com 5 mil abelhas, outros com 2 mil e, em algumas populações menores, menos de 2 mil indivíduos por enxame. Das cinco caixas de uruçu, cada uma continha cinco mil abelhas que chegariam a produzir cinco quilos de mel por ano. Mesmo a colheita de mel sendo bem menor do que a gerada pela apicultura, consideraríamos como um dos produtos sustentáveis gerados dentro da Reserva.

De fato, justificar o incentivo à criação de abelhas é uma tarefa fácil de ser feita por ser uma atividade que se enquadra perfeitamente no modelo sustentável de desenvolvimento econômico. Oferece condições para pequenos produtores adicionarem uma fonte de renda complementar, ou mesmo integral, ao seu orçamento. Os produtores aumentam a taxa de polinização de suas culturas e das culturas ao redor, o que pode trazer o aumento na taxa de frutificação e melhoria na qualidade dos frutos. As técnicas de sucesso na meliponicultura envolvem a localização, a flora e o manejo. A proteção contra o sol excessivo, a chuva e o vento se faz necessária. Um trabalho simples, levando-se em conta os benefícios gerados. Há a produção de mel, pólen e própolis, além de servir como ferramenta para a educação ambiental, o lazer, o turismo e o paisagismo. Isso sem contar o principal, a polinização como serviço ecossistêmico para preservação das espécies vegetais. A arte de cuidar das melíponas oferece também um outro aprendizado que a natureza insiste em nos ensinar e nós resistimos a aprender: lidar com o tempo.

Aprendi que o manejo das abelhas nativas é semelhante ao da ápis, mas requer ainda mais tempo. A duplicação do enxame leva no mínimo seis meses. Ou seja, meio ano para dobrar a quantidade de indivíduos e chegar ao seu máximo desenvolvimento. Isso sem contar que o crescimento do enxame depende do pico da florada, e diferentes tipos de flores surgem em diferentes épocas do ano. Em Paraty, as abelhas nativas dependem da florada silvestre, que acontece entre os meses de novembro e janeiro. Ou seja, teria que esperar o tempo da natureza para ver as abelhas espalhando o pólen das flores pela Chão de Estrelas. Assim, naquele novo empreendimento, eu aprendia sobre a arte do tempo. Aprendia também sobre a arte da não-violência com essas pequenas mestras sem ferrão.

Enquanto as abelhas com ferrão são defensivas, atacando as pessoas que estão por perto quando se sentem ameaçadas, as abelhas melíponas chegam a ser amigáveis, atuando lado a lado com os seres humanos. A meliponicultura é uma atividade milenar que foi iniciada pelos indígenas presentes na América do Sul e Central antes da colonização europeia. Em todo o Brasil, são reconhecidas 244 espécies de abelhas e estima-se que existam ainda outras 89 espécies a serem descritas pelos especialistas. Na Amazônia Oriental (Pará, Maranhão, Amapá, Tocantins e Mato Grosso), são relatadas até o momento 110 espécies, mas a maioria delas ainda é pouco conhecida. São chamadas de abelhas sociais porque podem viver próximas às casas das pessoas, sem atacar ou cometer atos de agressividade, o que infelizmente têm aumentado entre as abelhas ápis. Várias pesquisas apontam o aumento da agressividade sobretudo por estarem perdendo cada vez mais espaço em seu habitat natural. Como as abelhas ápis dominaram o território brasileiro e elas tendem a ser cada vez mais defensivas, nos acostumamos a achar que as abelhas são nossas inimigas, mas, de fato, são nossas melhores amigas. Graças a elas, habitamos o planeta até hoje.

Assim como buscamos preservar nossas florestas, precisamos preservar nossas abelhas. Assim como buscamos incentivar a regeneração da Mata Atlântica com suas espécies nativas, buscamos também o incentivo à criação de abelhas nativas. Dessa forma, as melíponas foram os primeiros seres vivos introduzidos oficialmente na Reserva Chão de Estrelas. Vieram preparar o terreno para os filhotes de árvores milenares, que chegariam para ocupar a terra que foi pasto até outro dia. Bebês de plantas nativas dos trópicos que viriam regenerar as terras tão exploradas pelos homens, na esperança de ajudar a Mãe Natureza a se curar da devastação que seu filho humano, tão irresponsavelmente, causou.

10 / Um bebê chamado agrofloresta

Para cada uruçu, um jacarandá. Para cada manduri, um jequitibá.

De par em par, uma abelha voava e uma muda era plantada, enquanto os números alarmantes não paravam de crescer. Em maio de 2021, as queimadas da Amazônia aumentaram 49 % em relação ao mesmo período no ano anterior. Na mesma época, a SOS Mata Atlântica lançou dados apontando que o desmatamento chegou a aumentar 400% apenas no estado de São Paulo, em relação aos anos anteriores. Enquanto isso, na Reserva Chão de Estrelas, o projeto de regeneração da Mata Atlântica, em seu ritmo próprio, dava ainda os primeiros passos, buscando compreender o universo que almejava recriar. Como energias sintrópicas que auxiliam o trabalho da Mãe Terra, nós, os operários estelares, organizávamos as galáxias e os sistemas solares para que a dança natural pudesse acontecer de forma perfeita e harmônica, mesmo diante do cenário alarmante do desmatamento. Era preciso continuar os trabalhos, não importa quantas forças se opusessem, já dizia Savory.

Ao lado de Marcelo de Moura, meliponicultor que operava a nave das abelhas, juntou-se ao time o agroflorestеiro Jorge Ferreira, responsável por regenerar, na primeira fase, cinco dos 50 hectares de pasto que ocupavam a região central da reserva. Nosso objetivo era chegar a um total de 30 hectares de regeneração. A área podia ser vista de cima, de uma trilha ecológica que começava em uma ponte suspensa de arame sobre o rio, mais uma caminhada de dez minutos no meio da mata. Lá do alto, margeando a área de pasto, havia as montanhas que desciam e chegavam à cidade de Paraty, lá embaixo, com o mar à frente. À direita, a grande pedra do Coriscão formava uma paisagem imponente sobre a reserva, por vezes coberto por misteriosas nuvens que me faziam lembrar de Machu Picchu e o pico para a conserva de milho dos antigos incas, que subi certa vez. À esquerda, a floresta continuava em direção ao complexo de conservação do Parque da Serra da Bocaina.

Sempre que ia naquele mirante, fosse com algum dos parceiros da Chão de Estrelas, fosse com amigos ou visitantes, mostrava a área de pasto e como seria feita a regeneração da área assim como um pai mostra o quarto do bebê que vai nascer. No meio do terreno, seria implantada a agrofloresta, no consórcio de frutíferas, legumes e verduras. No perímetro externo, as mudas de espécies nativas em comunhão com a floresta já existente. Os filhotes tão aguardados pela Chão de Estrelas. De fato, eu já vinha participando do nascimento e crescimento desses seres gigantescos havia alguns anos, desde que comecei a acompanhar o projeto Flitoral, implementado pelo meu querido amigo Velloso, que reflorestou mais de 1 milhão de árvores em 500 hectares de áreas desmatadas, às margens da estrada Rio-Santos.

Quando se chega em Paraty, é possível ver as árvores dos dois lados da via, transformando a entrada da cidade em uma alameda verde, saudável, arborizada. Durante 20 anos, Velloso e o seu time plantaram mudas de árvores nativas por 70 quilômetros de estrada, transformando áreas de queimadas em floresta regenerada. Para os próximos dez anos, sua meta é expandir em direção ao norte e ao sul, chegando com suas mudas de um lado até a Avenida Brasil, entrada da cidade do Rio de Janeiro, e de outro até a cidade de Guaratinguetá, no estado de São Paulo. As mudas nasciam de sementes colhidas na própria estrada Rio-Santos, germinadas por Velloso seis meses antes para voltarem para o seu local de origem, crescerem e fazerem seu bonito papel na regeneração da Mata Atlântica ao longo da estrada.

Quanto mais eu aprendia sobre o universo de mudas e germinação de espécies nativas, frutíferas e hortaliças, mais eu o encarava como um berçário, onde os bebês devem ser cuidados com atenção até adquirirem idade e tamanho suficientes para serem plantados nas áreas definitivas. A introdução desses seres no solo tratava-se de um passo fundamental, já que eles viveriam ali pelos próximos séculos. Quem sabe milênios. A germinação de mudas nativas na Chão de Estrelas exerceria o seu papel fundamental na manutenção das matas ciliares e na reconstrução da área degradada, recuperando o ecossistema local.

Jorge, responsável pela implementação das mudas na área de pasto, era autodidata e nativo da região. Morando em Paraty há 20 anos, filho de pai agrônomo,

aprendeu sozinho a ler cada espécie de cogumelo, semente, folha e árvore da região. Sua equipe de trabalho comungava do mesmo conceito que unia o tradicional ao científico, o pragmático ao teórico, o processual ao educacional. Em uma segunda etapa, quando algumas das mudas já estiverem com idade suficiente para o transporte, serão plantadas em seu local definitivo pelas crianças de escolas locais, fortalecendo assim os laços educacionais e comunitários entre a Reserva e os moradores da região. Eu subia e descia aquele mirante todos os dias, acompanhado do Jorge, do Cláudio, meu braço direito, de algum amigo ecocurioso ou sozinho, não vendo a hora de a agrofloresta começar a nascer. O quarto do bebê já estava pronto. A qualidade do solo já estava no ponto para a introdução das mudas. Mas seria preciso seguir não o ritmo da minha ansiedade, das expectativas do pai, mas sim o tempo dela, da Mãe Natureza. E para ela, havia todo um verão a atravessar, todo um outono a ser aguardado pacientemente até que viesse o inverno e as primeiras mudas começassem a ser plantadas. Até lá, eu estudaria como funcionava essa arte do consórcio entre a floresta e a agricultura, que tanto me encantava.

A opção do Jorge era por fazer uma transição leve, bonita e abundante, unindo a agrofloresta à floresta tropical de forma fluida e harmônica, na melhor ideia de consórcio entre a cultura agrícola e a mata nativa. O primeiro hectare de pomar se uniria ao perímetro de um hectare de madeira de lei, algumas em risco de extinção. Já nas primeiras pesquisas, descobrimos que o solo não estava assim tão degradado e poderíamos ir direto para a compra de mudas de frutíferas, a serem plantadas no inverno e que, em um ano, dariam suas primeiras frutas. Essas primeiras mudas serão introduzidas diretamente no solo tratado com adubos orgânicos, como esterco de boi, torta de mamona e calcário, totalizando 150 espécies, enquanto em um segundo passo do projeto seria criado um viveiro de produção de mudas de árvores nativas.

Em consórcio com as frutíferas, como um pé de jabuticaba ou abacate fortuna, seriam plantados os legumes, como quiabo, milho e abóbora, depois feijão, café e mandioca, já que a ideia era justamente trabalhar por ciclos de plantação e colheita, deixando a terra sempre alimentada com os mais diferentes nutrientes. Após a colheita das frutas, novas árvores seriam introduzidas e assim por diante, até que, cinco anos depois, alcançássemos a meta de ter 50% do extrato arbóreo crescido, regenerado e produtivo. Durante esse período, além dos grãos e legumes, viriam também os produtos de origem sustentável, como as sacas de milho seco e armazenadas, que produziriam fubá orgânico. Havia muita expectativa de abundância e variedade. Um hectare de agrofloresta é capaz de produzir quatro vezes mais alimento do que a monocultura, enquanto enriquece o solo de forma mais nutritiva e natural. De acordo com Jorge, o consórcio da mata com a produção agrícola funcionava como um Lego. Era preciso ir montando e combinando para sentir o que se harmonizava naquele sistema específico.

Como um pai ansioso, eu não via a hora de brincar de Lego com a minha filha agrofloresta. Enquanto o inverno não chegava, havia muito trabalho a ser feito. Organizar o transporte das mudas até a reserva, pensar no abastecimento de água e irrigação e, futuramente, fomentar o projeto como um campo para pesquisadores e interessados em geral estudarem in loco o consórcio da mata com a agricultura. Por isso, enquanto a nossa equipe colhia os dados para a análise da vida do solo e da fauna, para o comparativo das terras da floresta e da agrofloresta, para a mensuração do antes e depois do projeto, já considerávamos também a contratação de um especialista para o monitoramento de aves. Um estudo comparativo da presença de pássaros na reserva antes, durante e após a chegada das frutíferas seria muito bem-vindo. Eu gostaria de presenciar. Acredito que a Mãe Natureza também. Nosso casamento ia de vento em popa.

E por falar em ventos...

A cada dia, eu me encantava mais e mais com a ideia da Agricultura Regenerativa. Aprendia que ela gera também práticas agrícolas mais adaptáveis às variações do clima, como períodos de vento e chuva, seca e calor, contribuindo também para manter os ecossistemas ao redor. Enquanto melhora gradativamente a qualidade do solo e das águas, cria plantas mais fortes. E o planeta agradece por plantas mais resistentes às mudanças climáticas. De fato, não há como pensar na preservação da Terra para as gerações futuras sem pensar na agricultura. E não há como pensar nas próximas gerações da população humana sem pensar na alimentação e na agricultura.

De acordo com o agricultor regenerativo Rodrigo Keffer, através de nossas ações humanas podemos não apenas criar melhores condições de vida para as plantas e para o solo como também podemos nos alimentar ainda com mais qualidade e saúde. Hoje, apenas de 20% a 30% das áreas agrícolas alimentam diretamente os seres humanos. De 70% a 80% das áreas cultiváveis no planeta são de grãos como soja e milho para alimentar os animais, que geram grande parte dos gases do efeito estufa. Por isso, mais do que nunca, é preciso pensar em uma agropecuária que una a necessidade humana de alimentação ao cuidado regenerativo do solo, até então empobrecido pelo mau uso de séculos.

Por isso, enquanto eu aguardava a vinda do inverno e a chegada das primeiras mudas na reserva, lá estava eu de novo, abrindo a minha pasta de "acadêmico do mato", dessa vez para pesquisar sobre o processo de renovação do solo de acordo com a Agricultura Regenerativa. Queria aprender como tornar um chão de energias esgotadas em um chão de estrelas verdes e fulgurantes. Isso antes dos filhotes de mudas frutíferas chegarem.

11 / A lógica nutritiva da natureza

Laranja bahia, mexerica, abacate fortuna, abil, palmito jussara, amora preta, araçá, bacupari, banana nanica, cacau, cereja do rio grande, cambuci, cabeludinha, cambucá, camu camu, carambola, café, pitanga preta, pitanga vermelha, pitaia, goiaba, limão cravo, jabuticaba, fruta-pão. Frutíferas a serem plantadas dentro de uma área com mudas de ingá, cedro, jequitibá, pau brasil, guanandi, jatobá, ipê e jacarandá.

Só de ouvir os nomes das frutíferas que chegariam, meu coração se inquietava. Calma, dizia a Mãe Natureza. Silencie. Observe primeiro o ambiente. De fato, a leitura do ambiente é o principal componente na tomada de decisão para promover a sucessão natural do sistema agrofloresteiro, dando continuidade ao processo de crescimento da floresta. Para ser mais preciso, o primeiro passo é a observação do solo. A área de pasto nada mais é do que uma floresta que foi arrancada do chão, que teve a sua complexidade "transformada" em comida de gado. Por isso, é necessário primeiro observar o terreno, a sua qualidade, para realizar a regeneração do solo, que promove a regeneração da floresta, que resulta por fim na regeneração do planeta – contribuindo para as metas da ONU de recuperação de pelo menos 1 bilhão de hectares para a próxima década.

Na primeira fase de regeneração do solo, é necessária a introdução de plantas que atuem na ativação da microfauna, conhecidas como Colonizadoras. Elas compõem o primeiro banco de sementes para o desenvolvimento do solo. Espécies extremamente resilientes e pouco exigentes, chegam com a função de acumular biomassa. Nessa fase de acumulação, estão as gramíneas, das quais as mais comuns são as braquiárias, aquele mato raso que protege o solo. Como ela é fibrosa, alimenta o solo para as próximas plantas que virão. Em seguida, são introduzidas as plantas de raízes fasciculadas, que criam condições favoráveis para o crescimento de outras plantas. A função delas é descompactar o solo e criar uma condição de porosidade, de penetração da água neste solo. É quando entram as plantas semilenhosas, como o alecrim do campo e o assa-peixe, que vão criar uma acumulação de folhas, galhos e madeira, com um ciclo rápido, que caem logo no chão. A partir dessa decomposição ligeira, é gerada a lignina, substância molecular que, por se decompor lentamente, gera o alimento futuro para o solo. Nessa fase, o caminho é simples: primeiro a floresta se protege, depois bebe água e depois se alimenta. Essa matéria verde gerada é justamente a fonte de carbono e nitrogênio essenciais ao processo: enquanto o nitrogênio gera energia, o carbono é digerido pelos microorganismos e, assim temos, finalmente ativada a microfauna do solo. Aprender a arte de regenerar o solo, para mim, era como aprender a arte de produzir a vida. Descobrir os mistérios da terra era como desvendar os segredos da natureza, como se ela finalmente revelasse a sua vida secreta para os seres humanos, em busca de ajuda, de parceria, de trabalho compartilhado.

Depois de ativada a microfauna do solo, são introduzidas as plantas Pioneiras, árvores que crescem rápido, vivem pouco e têm madeira leve, como as embaúbas, com uma copa maior e madeira de crescimento veloz. O foco é produzir cada vez mais lignina e gerar alimentação para os fungos, criando condições ideais para a microrriza surgir – a associação entre fungos e raízes, que promove a comunicação e a troca de nutrientes, investindo na qualidade do solo. Em seu livro *A Vida Secreta das Árvores*, o engenheiro florestal alemão Peter Wohlleben mostra como os fungos formam uma rede de comunicação mais potente que a internet. Um único fungo pode se estender por muitos quilômetros quadrados e criar uma rede capaz de ligar florestas inteiras. Ele transmite sinais de uma árvore para a outra e as ajuda a trocar "notícias" sobre insetos, secas e outras ameaças. De acordo com Wohlleben, a ciência já fala da existência de uma "wood wide web" que permeia as florestas.

Assim, criado esse potencial de comunicação e troca de nutrientes, é ativada a condição de regeneração, alimentação e digestão do solo, levando ao desenvolvimento dos milhares de microorganismos que compõem a próxima fase do processo, de belo nome: a fase da abundância. Os pássaros que chegaram na segunda fase, para comer o frutinho da embaúba, por exemplo, deixam agora uma semente de goiaba, de pitanga, e isso vai criando um sistema natural, sintrópico, em que o homem atua como catalisador para o trabalho da natureza. Criam-se assim condições para a chegada das Abundantes, que são as árvores frutíferas. São então introduzidas as Secundárias, árvores que crescem mais lentamente, têm um ciclo de vida mais longo e ficam mais altas. Elas chegam aqui para o serviço, ou seja, surgem na comunidade já em um solo muito mais favorável do que a primeira e a segunda fases e, por isso, trazem os macro organismos. A goiaba, por exemplo, com sua qualidade de polpa e água, cai no chão e atrai as minhocas, que cumprem a função de decomposição da matéria orgânica e dos frutos e assim por diante.

Nessas três fases, temos como resultado no processo de ativação da vida sistêmica do solo o seu enriquecimento a partir da soma dos seguintes fatores: primeiro, a fibrosidade; em seguida, a porosidade; depois a nutrição e a comunicação. O enriquecimento do solo leva então à quarta e última fase: o Clímax.

Surge assim a autorregulação.

As espécies Clímax são árvores mais exigentes, com um ciclo de vida longo e o porte mais alto. A araucária, o ipê, o pau brasil, por exemplo, e muitas das árvores nativas da Mata Atlântica, permanecerão por mais tempo no ambiente e irão compor um ciclo mais rico de recomposição, regulação do ciclo da água e criação de microclima. Nessa fase, a biodiversidade toma conta de cada metro quadrado com a chegada dos musgos, as briófitas que ocuparão diversos espaços da floresta. Nesse momento, as plantas Secundárias, como o jatobá, vão senescenciar, ou seja, envelhecer de forma natural. Senescência é uma palavra bonita que, no mundo arbóreo, significa "dar licença" para que as árvores rainhas do Clímax possam crescer e prosperar. Quando uma ávore Secundária morre, ela deixa um espaço naquele ambiente com o solo ainda mais fértil do que antes, o que abre lugar para a chegada das árvores com funções ecossistêmicas ainda mais nobres.

Nesse processo de espiral, é criada uma realidade fértil, com o funcionamento pleno da floresta. Houve toda uma preparação do solo em fases, para que ele pudesse ciclar os nutrientes, em um processo contínuo em que as árvores têm tamanhos, alturas e tempos de vidas diferentes, e se estratificam para facilitar a entrada da luz no ambiente, sempre com o intuito de promover a fotossíntese de cada espécie, e da floresta como um todo.

Na agrofloresta, é reproduzida essa mesma lógica de espiral.

Planta-se um número diversificado de espécies, com alturas diferentes, para gerar a produtividade em uma área. Em uma horta, por exemplo, plantam-se hortaliças que são colhidas depois de um mês, como a rúcula e o coentro; depois plantas que ficam dois meses, como a alface e o almeirão; e por fim, plantas que crescem em um ciclo de três meses, como o brócolis, a couve flor e a beterraba. Todos os três tipos são plantados em uma mesma linha para que, na colheita de uma planta, abra-se espaço para a luz do sol entrar sobre a próxima e assim por diante, em uma lógica de crescimento cíclico, com a de ciclo rápido no meio, a de segundo ciclo na frente e a de terceiro ciclo atrás. A planta do meio é a que sai da terra primeiro, que abre espaço para a da frente, que nutre o solo para a última, e assim por diante como em uma brincadeira de "Escravos de Jó", onde todos ganham sol e nutrientes.

Na agrofloresta, cada espécie cumpre a sua microfunção em um determinado momento, numa sucessão de plantas que sempre tenham ciclos produtivos inter-relacionados. Todas trabalham para que todas cresçam, em uma espiral de desenvolvimento, que corresponde a um padrão da natureza, encontrado nas copas das árvores, no ramo de uma planta, nas folhas e até em pétalas de flores. Isso porque as plantas conseguem absorver maior radiação solar devido a este arranjo estrutural. Faz-se necessário conhecer bem o espaço para saber qual área cada planta vai ocupar, a ciclagem dos nutrientes, o tempo da colheita dos vegetais e das frutas, atentando-se aos ciclos de tempo de um a cinco anos.

Sobretudo, é preciso saber também em qual estágio está aquele solo. Começar a conversar com o ambiente para qualificá-lo, sabendo sempre que ele não será explorado, mas sim cuidado, criando condições de prosperidade para aquela floresta. Deixar a natureza crescer e verdejar, sempre com o intuito de nutrir o solo, ao contrário da agricultura tradicional como a conhecemos, que explora o solo até zerar seus nutrientes. Na agrofloresta, um solo nutritivo gera um ambiente nutritivo para plantas, pessoas, pássaros, abelhas e todos os seres vivos que fazem parte do ecossistema.

A partir dessa ideia, a agrofloresta pode ser vista como uma Comunidade de Plantas, em que todas ganham e crescem, que também acolhe diversas outras espécies, de micro e macroorganismos a organismos mais complexos, como os seres humanos. Nesse prisma, é o ambiente quem vai ditar as regras da intervenção humana, e não o contrário. É ele quem vai determinar as edificações e a implementação de jardins. Essa conversa com o espaço cria um diálogo constante homem-natureza, gerando um modo e fluxo de vida sistêmico.

Com o eterno laboratório da vida natural, enquanto eu esperava, esperava, esperava a agrofloresta nascer, enquanto eu aprendia sobre a condição ideal do solo para recebê-la, o que, no caso do nosso pasto, vinha sendo melhor do que esperávamos, eu me concentrava em outros constructos mentais. Literalmente. Eu foquei meus trabalhos nas construções da sede da reserva, com um salão para receber os visitantes e alguns bangalôs, levantados em áreas de pré-construção já existentes no terreno. Assim como a conversa sintrópica entre a floresta e a agricultura consorciadas, que leva em conta o clima, a região, os microrganismos do solo, era preciso compreender como a instalação de edificações humanas faria parte dessa dança.

Estamos acostumados a chegar em um lugar com uma bela paisagem e dizer: eu quero a minha casa aqui, com essa vista. Mas na lógica sistêmica da natureza, a implantação de estruturas de moradia funciona de modo diferente. Muitas vezes, constrói-se a casa justamente sobre o solo que deveria estar se regenerando. Nem sempre os locais mais bonitos são as áreas favoráveis para uma varanda. É preciso definir zonas, fluxos, vocações do terreno, conhecer o ciclo da água, barreiras de vento e o clima, tomando uma decisão holística em relação ao ambiente. Assim como o sistema agroflorestal resolve muitas questões de forma integrada, a construção de uma casa também deve considerar um projeto autossuficiente em água, energia e alimento, seguindo assim a máxima da sustentabilidade: baixa manutenção e alta produtividade. A partir dessa mesma sintropia, em que o homem ajuda a natureza a realizar o seu trabalho energético de equilíbrio do ecossistema, a edificação da casa não é mais o principal. O foco se torna fazer um estudo do ambiente de modo a regenerá-lo como um todo, para que ele volte a florir – e nós também. Nós e nossas casas, como parte desse sistema de equilíbrio e fluxo de energia. Foi assim que acabei chegando a um conceito que eu pouco conhecia: a permacultura.

12 / Permacultura para além das garrafas

Até então, tudo que eu sabia sobre permacultura se referia àquelas garrafas de vidro colocadas na parede das casas. Foi só abrir a minha pasta de "acadêmico do mato" para descobrir que tratava-se de um conceito muito mais profundo do que eu imaginava. Permacultura é uma expressão que vem do inglês *permanent agriculture*. Criada na década de 1970 por dois acadêmicos, os australianos Bill Mollison e David Holmgren, abrange uma gama de conhecimentos de diversas áreas científicas, indo muito além da agricultura. Hoje, a permacultura vai desde a compreensão da ecologia e da leitura da paisagem e do solo, para o reconhecimento de padrões naturais de uma dada região, até o uso de energias e o manejo correto dos recursos naturais, para planejar e criar ambientes humanos sustentáveis produtivos, em equilíbrio com a natureza. Assim como o trabalho de Allan Savory, a permacultura vê o processo homem-natureza de forma integral e sistêmica, que une o saber científico com o saber tradicional específico de cada região. Seu objetivo é simples: a nossa permanência como espécie humana na Terra.

Seus princípios de planejamento são baseados na forma sustentável de interação que acontece em um determinado local, desde a produção do alimento até a relação das pessoas com a natureza. A permacultura sempre trabalha a favor da natureza, nunca contra. Pauta-se em três éticas que muito me interessaram:

Cuidar da terra.
Cuidar das pessoas.
Cuidar do futuro.

Sobre essas três éticas, foram criados 12 princípios que as orbitam como um relógio. Ou, aproveitando o nosso chão de estrelas, como doze planetas ao redor de três sóis primordiais. O primeiro princípio é sobre observar e interagir, buscando sempre encontrar soluções para os desafios a partir da visualização de padrões da natureza que se relacionam. Percebia assim como a observação do sistema como um todo estava sempre presente nos sistemas sustentáveis de interação com a natureza. Deve-se observar de cima para baixo, mas interagir de baixo para cima, focando em pontos que influenciem na mudança do sistema como um todo.

O segundo princípio é sobre a questão da captação e armazenamento de energia. A permacultura considera que a sociedade precisa partir para um modo de produção de baixo consumo energético, principalmente externo. Por isso, faz-se urgente pensar em quanto e qual tipo de energia se utiliza em cada ato de nosso consumo, reduzindo-o para produtos e serviços que durem mais tempo, refletindo sobre sua real necessidade. Considerar a fonte de energia é hoje uma premissa essencial para um futuro sustentável. É necessário entender como a natureza capta e armazena energia para poder reconstruir o capital natural energético em nossos próprios ambientes. Nesse ponto, percebi que, na Chão de Estrelas, seria necessário observar os fluxos locais e as formas renováveis de energia do próprio

ambiente, o que nos levou à matriz hidroelétrica, sobre a qual falarei mais adiante.

O terceiro princípio da permacultura é sobre obter rendimento para tornar o ambiente sustentável. Este ponto já vinha fazendo parte das pesquisas para a Reserva desde o início. Ao mesmo tempo em que se faz urgente pensar em soluções a longo prazo, que preservem os recursos intangíveis oferecidos pelo planeta, é necessário também obter rendimentos a curto prazo, para suprir as necessidades humanas diárias. Para isso, os recursos naturais estão inevitavelmente envolvidos. E é preciso consorciar o ganho humano para consumo de alimento e energia e os cuidados com a terra, como a agrofloresta faz com a produção de alimentos e, ao mesmo tempo, a regeneração do solo.

A prática da autorregulação e a aceitação dos feedbacks da natureza são componentes do quarto princípio. Assim como o planeta é um sistema que se autorregula, como bem apresenta o climatologista James Lovelock em seu livro *A Vingança de Gaia*, devemos ter como objetivo essa autorregulação no planejamento de um sistema, ainda que seja desafiante, mesmo que seja para apenas caminhar em direção a ele.

Como humanos, jamais teremos controle de todos os fatores envolvidos em cada processo. Normalmente, são inevitáveis interferências como a manutenção de equipamentos ou o enfrentamento de condições inesperadas. Como diz Holmgren, quando uma população está construindo sua autossuficiência, ela está mais próxima de receber feedbacks da natureza que são importantes para a humanidade como um todo. Por exemplo, se a comunidade do entorno busca lenha em um bosque, ela o fará de maneira adequada para que sempre haja lenha disponível e não falte no inverno. Já em nosso modelo de vida urbano, o consumidor de energia elétrica, gerada há muitos quilômetros de distância de sua casa e fornecida por empresas privadas, não consegue ter noção das consequências que esse sistema pode trazer, a curto, médio e longo prazo. As decorrências podem ser as mais diversas, desde comunidades atingidas pelas barragens até o desmatamento, a diminuição da fauna e o desequilíbrio de ecossistemas inteiros, o que leva ao descontrole climático, perda da biodiversidade, êxodo rural, aumento da pobreza e fome. Em resumo, os feedbacks da natureza ficam ocultos para a maioria das pessoas e infelizmente só ganham visibilidade quando ocorre uma catástrofe, como enchentes e desmoronamentos.

Por isso, o quinto princípio é sobre usar e valorizar os serviços e recursos renováveis. Plantar árvores com folhas que caem próximas às casas, por exemplo, ajudam a manter o ambiente fresco com a projeção da sombra no verão, permitindo maior passagem da luz solar com a queda das folhas no inverno. Uma escolha natural e simples que torna menos necessária a demanda por energia artificial para o controle térmico do ambiente. Como diz Holmgren em seu livro *Permacultura – Princípios e Caminhos além da Sustentabilidade*, "é apropriado fazer uso diário mesmo que relativamente efêmero do sol, das marés, da água e do vento, pois são energias diárias ou sazonalmente renováveis".

Dessa forma, o sexto princípio é sobre não produzir desperdícios, através dos cinco Rs – recusar, reduzir, reutilizar, reparar e reciclar. Infelizmente, isso é bastante explorado em nossa sociedade apenas como uma estratégia de marketing conhecida como *greenwashing*, com uma rotulagem ambiental que parece ser correta, mas que não necessariamente corresponde à realidade da preservação ecológica. Ou seja, às vezes um produto é vendido como reciclado, focando-se apenas no final e não nas etapas relacionadas à redução do consumo, ao reparo e reutilização de objetos. Sozinha, a reciclagem não é capaz de superar os problemas socioambientais gerados pela sociedade de consumo. É preferível compreender os padrões naturais locais para vivermos em equilíbrio com a natureza a buscar inovações tecnológicas para reparar o estrago do consumo, que hoje é quase o dobro do que a Terra dá conta de produzir para nos sustentar.

O sétimo princípio se refere ao design criado a partir desses padrões da natureza, para chegar aos detalhes, reconhecendo o desenvolvimento de uma linguagem de padrões de planejamento em permacultura. Holmgren defende que, ao focar exemplos de estruturas e organizações que demonstrem o uso equilibrado de energia e recursos, descobrimos escalas de planejamento organizadas conforme a intensidade de uso, a inclinação do terreno, os setores de sol, vento e umidade, entre outros. Ou seja, receber o feedback da natureza para criar os nossos sistemas humanos a partir de seus padrões.

O que nos leva ao oitavo princípio: integrar, ao invés de segregar. Pensar de forma abrangente sobre comunidades de seres vivos – humanos, elementos vegetais, outros animais – já que as relações estabelecidas são importantíssimas para a vida e a dinâmica desses grupos como um todo, coproduzindo o padrão integrativo da natureza. A permacultura acredita em relações cooperativas e simbióticas, não competitivas, para a construção de uma sociedade com práticas adequadas, em harmonia com a natureza. Um dos exemplos utilizados para demonstrar este princípio é o uso da criação de galinhas dentro de um sistema agroflorestal, onde a ave pode viver livremente, com alimento disponível em abundância, fornecendo adubação ao solo por meio do esterco. Uma imagem bem diferente de uma granja industrial. O fazendeiro e ecologista Allan Savory, citado no início deste livro, cria o gado livre para adubar o solo, em movimento constante e cíclico pelo terreno, para dar tempo e espaço para que a terra se regenere.

O nono princípio fala sobre o uso de soluções pequenas e lentas, ao contrário do que nossa sociedade costuma valorizar – a velocidade no transporte, na produção de alimentos, no consumo, na comunicação, no ritmo de vida. Tudo sempre muito rápido. Pequenas e certeiras estratégias de manejo, apesar de trazerem resultados mais lentos do que estamos acostumados, são mais eficazes e duradouras, enquanto preservam os recursos do planeta. Um exemplo é o comércio voltado à produção local de orgânicos por pequenos produtores, que demandam menos deslocamento e velocidade no transporte. Nem sempre o produto almejado chegará em nossas mãos na hora em que queremos, mas, sem dúvida, é uma escolha que impacta menos o planeta.

O décimo princípio refere-se diretamente à valorização e ao uso da imensa diversidade de espécies animais e vegetais, culturas, solos, biomas e paisagens que temos em nosso entorno. Como vimos na Mata Atlântica, a diversidade é intrínseca à vida e, sobretudo em um bioma tão rico como este, devemos desfrutá-la, aprender com ela e cultivá-la, seja na produção alimentícia, seja no convívio humano. Somente através de um caminho que aceite e proporcione a diversidade é possível garantir a segurança alimentar, rica e nutritiva, para alimentar a população humana.

Atuar nos limites e valorizar as margens se refere ao décimo primeiro princípio. Aproveitar as zonas periféricas da natureza, bordas e conexões entre um sistema e outro pode nos oferecer pontos ricos em diversidade de recursos e energia. Como decidimos fazer na zona de perímetro entre a agrofloresta e a floresta nativa, plantando as madeiras de lei, antes das frutíferas, para fazer essa transição com leveza e maestria. Geralmente, os limites terrestres entre dois sistemas são os que concentram o maior número de aves, por obterem a riqueza de ambos. De acordo com a permacultura, o valor e a contribuição das bordas e dos aspectos marginais e invisíveis de qualquer sistema devem ser reconhecidos e preservados. Essa lupa de atenção e cuidado sobre as margens pode aumentar ainda mais a estabilidade e a produtividade do sistema. Segundo Holmgren, um design que percebe o limite como uma oportunidade, e não como um problema, tem maiores chances de sucesso e adaptação.

Por fim, o décimo-segundo e último princípio se refere à resposta criativa às mudanças. Por mais que o estudo, a observação da natureza, a leitura da realidade de forma sistêmica resulte em um amplo planejamento antes da execução, é necessário que ele seja constantemente reavaliado, conforme os resultados obtidos.

A natureza é um livro vivo. Apesar da ideia da permanência fazer parte do próprio nome, permacultura, essa durabilidade se refere, em paradoxo, à flexibilidade e à instabilidade que sempre fazem parte dos sistemas vivos naturais. Alguns fatores não previstos podem gerar resultados inesperados. Por isso, parar para estudar qualquer desafio, em busca de uma resposta criativa, torna-se fundamental. Um exemplo é o surgimento de pragas em uma plantação. Em lugar de focar na retirada dos elementos daninhos ou no uso de pesticidas, a permacultura sugere olhá-las como indicadores de falta ou excesso de algum nutriente, o que induz a correção deste processo. Uma solução mais saudável para quem planta e para quem come.

O mesmo vale para nós, seres humanos. Quando algo ou alguém nos atinge, vale mudar o foco para olhar sobre o que aquilo revela sobre nós mesmos. E então buscar resposta a este desafio de uma maneira criativa. Na Reserva Chão de Estrelas, a natureza me ensinava sobre o tempo dos ciclos, das estações do ano, das plantações, enquanto eu, com uma ansiedade incorrigível, buscava conhecer a permacultura e relacioná-la com as edificações a serem erguidas na Reserva. Assim como a agrofloresta se criava a partir da realidade específica do terreno, do clima, da região, senti que a arquitetura a ser desenvolvida ali também devia responder criativamente ao tempo, ao espaço – e à minha paciência. Uma arte que chamei de "Arquitetura Sítio Arqueológico".

13 / Arquitetura Sítio Arqueológico

Gosto muito do trabalho do pintor e serígrafo Walter Goldfarb. Em sua obra *Cartografia do Poder*, vemos os continentes do planeta Terra de mãos dadas, como mulheres, seres mitológicos e animais dançando em círculo ao redor do polo. São seres que parecem feitos de renda branca, a ponto de esvanecer como nuvens, sobre um território já todo dominado pelos castelos e construções dos homens. Uma serigrafia que me chama a atenção por trazer a ideia de como estamos de passagem neste planeta, mas nossas edificações e a forma como exploramos a terra permanecerão. Algo difícil de ser regenerado para retornar a natureza ao seu equilíbrio natural. Por força do hábito, construímos nossas casas, fazemos nossos jardins sem pensar no fluxo de energia natural que circulava naquele espaço antes de nós.

O estudo da permacultura me apresentou soluções que vão desde a conservação da energia no sistema e o aproveitamento da água local pela captação da chuva para o uso doméstico no banho e na cozinha ao sistema de tratamento de dejetos com a ciclagem feita pela nutrição de bananeiras, energia hídrica e por aquecimento solar. Isso sem contar a produção local de alimentos, incentivando o cultivo de espécies rústicas, medicinais e alimentícias, o que também contribui, como vimos na agrofloresta, para aumentar a fertilidade do solo e melhorar a qualidade nutricional dos alimentos. Na lógica de aproveitar da melhor forma os recursos, leva-se em conta também o período da frutificação e a geração de produtos a partir dessas frutas, como conservas, geleias, frutas secas, polpas, sucos e chás, o que pode trazer um aproveitamento da produção por mais tempo e uma diversidade maior de alimentos ao longo do ano.

Focamos em utilizar a tecnologia das estações de tratamento de esgoto, com fossas biodigestoras, feitas de pneus adquiridos na borracharia da comunidade, para serem fechados com telas, onde seriam plantados os pés de bananeira e criado o sistema da ciclagem de água. Este novo sistema de tratamento biológico oferece grande benefício no esforço de evitar a contaminação do lençol freático, dos córregos e dos rios, mantendo o esgoto doméstico in natura, com o objetivo maior da preservação, ao mesmo tempo que permite o produtor reaproveitar o efluente. As edificações, realizadas com o material local encontrado no próprio terreno, possuem alta durabilidade.

Como disse o Jaime, nosso mestre de obras, acostumado a realizar bioconstruções desde os 11 anos de idade, na roça onde cresceu, para construir as casas, usa-se o que tem, eucalipto, pedra, biriba, bambu, barro. Por isso, quanto pior o terreno, melhor para a construção, pois aquele "mato sujo" vai oferecer excedente de matéria prima para reaproveitamento, utilizado para fazer desde o andaime de acesso ao telhado até a porta e a janela das casas. A fiação de luz não fica dentro da casa, mas em uma caixa do lado de fora, com prioridade para a energia solar, captada nos tetos dos bangalôs até mesmo por mangueiras pretas que esquentem a água do banho. Mas como sol é um recurso não tão abundante dentro da Reserva, com a mata fechada, a escolha da matriz energética foi a de energia hídrica, já que o terreno possui três rios. Seria necessário colocar a tubulação levando em consideração tanto o período de baixa do inverno quanto o período de alta do verão, quando o volume de água é cinco vezes maior, descendo as montanhas com velocidade, com a força das chuvas abundantes da Mata Atlântica.

As poucas construções que levantamos, com o trabalho do querido mestre de obras Jaime Silva, além de levar em conta as funcionalidades da bioconstrução, eram homenagens às edificações locais, já que aproveitamos as fundações das obras que existiam anteriormente à aquisição do terreno. Levantamos a sede e os bangalôs com barro, bambu e pau a pique, método em que a única intervenção que fizemos foi acrescentar um pouco de cimento, para evitar que o barbeiro coloque os seus ovos e produza a doença de Chagas.

Enquanto as obras aconteciam e o outono avançava, eu andava em meio à reserva, de uma edificação à outra, tendo ideias, como uma abelha que vai zanzando e regendo o crescimento das flores. Minha criatividade estava a toda. Abaixo da área da horta, no encontro entre duas pedras que formava uma espécie de caverna, tive a ideia de fazer um ofurô subterrâneo, alimentado pela água do rio. Convidei a artista Romina, que vive em Paraty, para fazer pinturas em homenagem às artes rupestres originárias da região, que datam de 5 a 9 mil anos, protegidas pelo Parque Nacional Cavernas do Peruaçu, em Minas Gerais. O resultado ficou tão interessante, lembrando banhos de tempos remotos, que, inspirado também por nossas edificações que aproveitavam as fundações antigas que havia no terreno, nomeei aquela arquitetura, à medida que íamos fazendo, de Arquitetura Sítio Arqueológico.

Enquanto a Reserva se levantava, o espírito criativo também crescia, inspirado pelo princípio de criação da natureza. Entre sete grandes pedras que ficavam em círculo, visualizei uma mini Stonehenge e fiz um "fogo de chão" ali no meio, já imaginando as crianças das visitas de escola sentadas em roda enquanto escutam histórias e compartilham conhecimentos. Para os bangalôs, a cada parede levantada, eu pensava na hospedagem dos futuros pesquisadores. Quando atravessei pela primeira vez a ponte pênsil sobre o rio, senti-me outra vez uma criança sonhando com lugares mágicos. Percebia ali que aquele antigo sonho amazônico havia se tornado um sonho mata-atlântico.

Andando de um lado para o outro, imerso em processos criativos, visualizei também dentro da Reserva uma mini-Inhotim, inspirada no projeto fascinante de Eduardo Paz em Brumadinho, Minas Gerais – uma pequena área para a exposição de obras de artistas locais e também de outras regiões do Brasil e do mundo,

que tivessem a natureza como o tema principal de seu trabalho. Em uma dessas caminhadas, em direção à casinha mais distante da sede, feita originalmente de barro, com um fogão a lenha, rodeada de frutíferas à beira de uma pequena cachoeira, encontrei uma jaguatirica. Meu coração ou parou de bater ou bateu tão depressa que fiquei sem reação. Tudo que sei é que após esse encontro com um felídeo selvagem decidi implantar na Reserva também o *rewilding*, ou refaunação, a reintrodução de animais ameaçados de extinção em seus ambientes. Esta é uma ação de conservação que também restaura e protege os processos naturais dos ecossistemas, prejudicados pela extinção de espécies locais. Aquela terra ia tomando vida. Aliás, recuperando a sua vida de direito.

Percebia a cada dia como tudo é uma coisa só, uma entidade única que, não importa por onde os trabalhos comecem, tende ao equilíbrio, revelando as suas próximas necessidades. Com o espírito criativo, vinha cada vez mais a vontade de comunicar sobre o projeto, de compartilhar com as pessoas a mesma alegria que a Chão de Estrelas me inspirava. E foi assim que eu fiz. Abri a pasta de "acadêmico do mato" e percebi que aqueles estudos estavam querendo brotar de alguma outra forma. Aquelas pesquisas me inspiravam a escrever um livro. Um livro sobre o processo de criar uma reserva. Um livro que compartilharia com as pessoas a minha busca quixotesca pela sustentabilidade, iniciada em um mestrado sobre a Amazônia e que, de alguma forma, tinha se tornado realidade em uma pesquisa-ação na Mata Atlântica. E por falar nisso, faltava ainda, com aquela pasta, abordar um dos principais temas que tinham me levado a essa jornada: o ecoturismo, pedagógico e científico, como ferramenta econômica, ambiental e social de regeneração da floresta. Uma ferramenta poderosa e de longo alcance que me levaria da simples abelhudice de um ecocurioso como um dia eu fui nas trilhas de Paraty ao meu futuro de acadêmico do mato nas terras da Chão de Estrelas.

Ponte pênsil sobre o riacho que divide a agrofloresta da área da sede

RESERVA
CHÃO
DE
ESTRELAS

Na página ao lado, placa na entrada. Acima, antiga escola pública da comunidade do Corisco e projeto da reforma da futura Escola da Natureza

Um dos riachos que corta a Reserva e figueira majestosa

Colmeias de abelhas melíponas e casinha original em restauro para utilização

No alto, Leo em ação na Reserva. Acima, berço para implantação das mudas no primeiro hectare da agrofloresta

No alto, o consultor ambiental Michel Schutte (de chapéu) e Jorge Ferreira, gestor de sustentabilidade. Acima, mudas de espécies silvestres frutíferas

A fotógrafa Agnes Zaveri (encoberta) e Jorge Ferreira na plantação da primeira jabuticabeira da agrofloresta

Michel Schutte, o caseiro Claudemir dos Santos, o Cláudio, e Jorge Ferreira em demarcação na área da agrofloresta

III

14 / A arte da escuta

Sempre fui encantado por Paraty. A união entre o mar e a serra, entre a cultura caiçara e a história da cidade, entre a natureza e a arte, me fizeram visitar muitas vezes a região, antes de finalmente decidir comprar uma casa na marina. Quando pisei na casa, soube que seria ela. Senti que ali seria o meu destino por muitos anos. Passei a ir em todos os feriados e nas férias de fim de ano dos verões seguintes, até decidir me mudar definitivamente, no início da pandemia. Com o passar dos meses, comecei a ter a sensação de que sempre vivi ali, que o tempo cronológico não importava mais, desfrutando uma experiência mais circular da vida, de acordo com os ciclos da natureza e com as rotinas diárias de saúde, trabalho e realização pessoal. Voltei a me sentir um menino. A vida se tornou um presente. Meu prazer agora dizia respeito ao que eu experimentava no contato diário com o meio ambiente. Se antes a relação homem-natureza ocupava a minha mente, agora, ela passava a ocupar o meu corpo. Mudou meu estilo de vida. Comecei a compreender uma paisagem não como algo que se aprecia, mas como um espaço sistêmico, em que acontecem relações biodiversas, das plantas entre si, das árvores com o solo, do micro e da macrofauna, e das comunidades humanas que ali habitam. Das pessoas que interagem com o ambiente, da qual agora eu fazia parte. Passava a compreender, de forma mais sensitiva e ligado à mudança no meu ritmo interno, que a natureza falava sua própria linguagem e precisava apenas de observadores atentos para ser revelada, e ensinar a sua forma de cuidar e ser cuidada. Olhar para essa nova lógica de vida, apreciar as interrelações existentes no ecossistema, fez com que eu olhasse também de forma mais cuidadosa para os seres humanos. Sobretudo, para as relações que estabelecem com o ambiente onde vivem.

Observar comunidades humanas é como observar uma floresta. As conexões imbrincadas que existem entre elas são infinitas e oferecem múltiplos pontos de vista. Como a ligação complexa entre as inúmeras espécies da Mata Atlântica, pode-se ver a relação entre os seres humanos e o meio ambiente por um viés holístico. A partir desse olhar mais amplo, percebe-se como uma ação reflete na outra, e assim por diante, chegando finalmente a uma possível compreensão da sociedade em que vivemos, dos desafios que enfrentamos e de como lidar com questões urgentes, como as mudanças climáticas.

Bem sabemos que o aquecimento global, esse avião com toda a humanidade prestes a colidir em uma montanha de neve, derretida, diga-se de passagem, tem como consequência o degelo das calotas polares, a subida das marés, a má qualidade do solo para a agricultura e a alimentação de homens e animais, a savanização das florestas tropicais e outras decorrências inimagináveis. Sabemos ainda que tudo isso é o resultado da forma como escolhemos habitar este mundo, da decisão de enxergar a natureza como um palco exploratório para as nossas conquistas triunfantes de progresso, não como um ser vivo complexo e gigantesco, com o qual deveríamos aprender a conviver.

A boa notícia é que, da mesma forma como podemos olhar para trás e fazer uma retrospectiva da escolha humana pela exploração predatória dos recursos naturais, também podemos enxergar adiante, descobrindo como a relação homem-natureza pode ser modificada e potencializada a partir de então, para o bem-estar de ambos. Estar disposto a analisar como as pessoas e o meio ambiente podem ser impactados, em conjunto, a partir de novas decisões, pode determinar os rumos do futuro.

Como já havia visto em meus estudos, olhar para a questão ambiental de uma região, de forma sustentável, é também olhar para as pessoas que lá habitam. Comunidades no entorno de áreas desmatadas costumam também ser vítimas da marginalização social. É fundamental que, no trabalho para a regeneração dessas matas, considere-se também a regeneração do entorno, oferecendo para essas comunidades, meios de gerar a sua própria sustentabilidade, social, econômica e ambiental. As consequências podem ser as melhores possíveis: valorização cultural, conservação ambiental e geração de renda para as pessoas envolvidas.

Passei, dessa forma, a pensar de que maneira poderíamos contribuir para a comunidade do Corisco, nos arredores da Reserva Chão de Estrelas, a curto, médio e longo prazo, e de que forma poderíamos potencializar os benefícios para chegar a todos. O ecoturismo, objeto da minha pesquisa no mestrado da FGV, continuava a ser o principal tema que dava suporte às minhas ideias sobre sustentabilidade. Mas como ainda havia as edificações a serem levantadas, o projeto da agrofloresta a ser iniciado, as burocracias a serem resolvidas, o fomento ao turismo pedagógico e científico dentro da reserva não passava exatamente disso, uma teoria. Na pasta do "acadêmico do mato", que foi das pesquisas sobre sustentabilidade e a economia da floresta em pé aos estudos de créditos de carbono, da meliponicultura à agrofloresta, da permacultura à bioconstrução, havia um lugar especial dedicado ao ecoturismo e à educação ambiental. Estudos que iriam coroar como um todo o projeto da Reserva Chão de Estrelas, sobre o tripé econômico, ambiental e social. E que, se tudo corresse bem, em breve passariam da teoria à prática. Logo se tornariam uma pesquisa-ação, como sugeria o professor Thomas Wood.

Nesse quesito, o fato de eu me mudar para Paraty fez toda a diferença. Meu intuito era conseguir realizar um projeto que integrasse o turismo e a educação pela conservação ambiental a resultados econômicos factíveis, que contribuíssem para a continuidade da reserva a longo prazo. Para além disso, com o sucesso da reserva, eu esperava trabalhar para que o projeto Chão de Estrelas pudesse crescer de forma cíclica, chegando a outros biomas brasileiros, nas áreas mais necessitadas de regeneração. A possibilidade de estar dia a dia na reserva, acompanhando de perto o seu crescimento, acabou por influenciar diretamente nos resultados. Em vez de ser o paulista que chega e para o carro na porta da propriedade, ditando regras, logo entendi que ser parte integrante do processo social faria toda a diferença. Deixei de ser apenas um visitante para me tornar um ator social na região, o que me deu a oportunidade de conhecer a realidade local de forma mais profunda, e de obter aprendizados empíricos constantes.

Nesse dia a dia, percebi que a destruição da Mata Atlântica tem uma dimensão material e outra imaterial. A material se refere às perdas genéticas, biológicas e ecológicas. Já a imaterial diz respeito ao conhecimento e à sabedoria das populações que vivem em regiões florestais. As consequências da destruição ambiental são geralmente enfrentadas por abordagens fragmentadas, que resultam em ações desarticuladas, em diferentes campos do conhecimento, que não dialogam entre si. Muitas vezes, nos estudos sobre a preservação do meio-ambiente, a qualidade de vida das pessoas nos arredores não é levada em conta. Ao invés de olharmos para a questão do desmatamento de forma sistêmica, cindimos a abordagem em proteção da natureza e presença do homem, o que cria soluções ilusórias que tendem a piorar o cenário já que o ser humano continuará fazendo parte daquela região. Um exemplo é a

criação de unidades de conservação, como o Parque Nacional da Serra da Bocaina, logo acima da Reserva Chão de Estrelas. Percebi que, ao se fechar uma área para preservação da fauna e da flora, é preciso realizar todo um trabalho de educação ambiental no entorno, não de exclusão e proibição. Pouco adianta proteger se as pessoas do entorno não tiverem a compreensão de por que vale preservar aquelas terras e de como sua atitude pode contribuir para a geração de recursos econômicos. Ao contrário, sentem-se excluídas e, por vezes, minadas em seus recursos de pequenos produtores extrativistas.

Um bom exemplo é a própria Reserva Chão de Estrelas, que as pessoas da região sempre consideraram um pedaço de "mato sujo", ainda na lógica de extrativismo predatório e monocultura agrícola para o ganho econômico. Percebi ali que havia a necessidade de uma proposta criativa e educacional para que pudesse haver uma estratégia de conciliação entre o conhecimento, o manejo e o saber tradicional da região. Ou seja, a utilização de seus recursos naturais renováveis paralelamente a sua conservação ambiental e cultural. Seria preciso perpetuar esse olhar ecossistêmico, com o qual o ser humano possa se perceber como quem utiliza tais recursos, mas, ao mesmo tempo que planta e regenera, também contribui para a continuidade da vida como um todo.

Aprender a importância do manejo correto do meio ambiente, para manter o seu estoque, a sua função e a sua dinâmica ecológica, somada à valorização dos saberes e fazeres de sua comunidade tradicional, fomenta também a preservação da população local. Através de formas de conhecer e saber contar a própria história, gera-se a criação de ganhos que contribuem para o sustento econômico da região. Um jeito típico de plantar o aipim, por exemplo, pode agregar valor se houver relação com a tradição de um manejo sustentável e com a história local do alimento naquela região. Um ecocurioso que aprenda a plantar o aipim com alguém da comunidade tradicional e, na hora do almoço, experimente a raiz à sua mesa valoriza econômicamente o conhecimento e a lógica do consumo sustentável deste produto.

Tendo como filosofia a busca da sustentabilidade, tendo como princípio um desenvolvimento que crie uma sociedade sustentável, tendo como premissa a regeneração da Mata Atlântica, percebi que as próprias riquezas dessa floresta tão peculiar devem ser usadas como fonte de recursos para as comunidades tradicionais que vivem na região. Essa utilização, com base nos princípios da sustentabilidade, precisa ter sempre em vista a durabilidade dos recursos naturais renováveis e a manutenção da dinâmica dos ecossistemas. A partir disso, as histórias, os saberes e os fazeres das pessoas da região só têm a contribuir. E muito.

Mas de nada adiantava eu "achar" algo, de fora para dentro, sem ouvir as pessoas que viviam na região. Parar para conversar e conhecer os moradores, aprender sobre suas técnicas tradicionais para identificação de plantas medicinais e comestíveis, saber sobre sua extração, uso, conservação e benefícios. Tais características, parte do cotidiano de um grupo, ganham valor para a educação e o turismo de pessoas que vêm à região, interessadas em cultura local e aprendizado. Também o reconhecimento da fauna e flora locais, relações com o relevo, o clima e a geografia, a história da comunidade na região, a relação que foi estabelecida com o entorno, tudo isso contribui para a geração da economia do conhecimento da natureza. Mas, antes de qualquer coisa, seria necessária a pergunta: o que a comunidade quer?

O Cláudio, por exemplo, genro da Dona Lena, necessitava de um trabalho. Ele se tornou um dos primeiros funcionários da Reserva e, logo de início, tornou-se figura importante na implementação da Chão de Estrelas pelo conhecimento profundo da região e a disposição para o cuidado e regeneração da terra, auxiliando as equipes da agrofloresta e da bioconstrução, com informações específicas sobre a área que ele tão bem conhecia. Escutar o Cláudio e potencializar o que ele tinha a oferecer foi fundamental para a tomada de decisões dentro da Reserva. Assim como ouvir os reais anseios da comunidade foi decisivo para o nosso primeiro passo comunitário.

Logo no início, a minha ideia era aproveitar uma escola abandonada, a alguns metros abaixo da Reserva, para incentivar a realização uma feira gratuita com as verduras e legumes gerados na agrofloresta e oferecer à comunidade do Corisco. Também pensava em criar uma horta comunitária, a ser plantada no terreno da escola, para que os moradores pudessem colher os próprios alimentos. Mas isso não era o que eles queriam. Os líderes comunitários me apresentaram então a sua real necessidade: um parquinho para as crianças. Em vez de chegar de fora com as minhas alfaces orgânicas, compreendi que a demanda dentro da comunidade, naquele momento, era por lazer. Por alegria e diversão para as crianças. Crianças, quem sabe, que podem se tornar atores importantes no aprendizado sobre a preservação ambiental do entorno. Crianças que, não importa a região, necessitam de acesso à brincadeira, ao divertimento e ao elemento lúdico fundamental para se desenvolverem como cidadãos.

Paralelamente à implantação do desejado playground, todo em bambu e madeira, o projeto se ampliaria em uma parceria com o poder público na reforma da antiga escola: com recursos da Reserva, a edificação original será reformada para abrigar uma unidade de contra-turno, operada em conjunto pelas secretarias municipal e estadual de educação, para atividades extra-curriculares com os alunos com foco em sustentabilidade. O processo acabou me revelando a principal arte na dança entre os moradores do Corisco e a Reserva Chão de Estrelas: a arte da escuta. Ela abria espaço para que, em algum momento futuro, fossem apresentadas propostas de incentivo ao trabalho de figuras locais para o ecoturismo, despertando potenciais de conhecimento e futuros talentos. Aliar esse trabalho a iniciativas de capacitação, que oferecessem instrumentos de desenvolvimento para esses aprendizados, abria a trilha para a geração de recursos materiais e imateriais, como oportunidades, escolhas e autoestima. Benefícios a que todo adulto merece ter acesso. Assim como toda criança merece um playground.

15 / Uma andorinha só não faz verão

"Se seu plano é para daqui um ano, plante arroz.
Se seu plano é para daqui dez anos, plante árvores.
Mas se seu plano for para durar cem anos ou mais,
eduque as crianças."

Essas palavras de Confúcio expressam exatamente os meus intuitos para o projeto Chão de Estrelas. Junto ao crescimento das árvores nativas e à manutenção da sustentabilidade econômica, é fundamental educar as crianças para a importância da preservação ambiental, para que as sementes da proteção ao que resta de nossas florestas deem frutos. Construir conhecimento e preparar as gerações futuras para cuidar do meio ambiente e cobrar políticas ambientais justas, faz-se uma premissa. Sobretudo, possibilitar que essas gerações desfrutem dos benefícios oferecidos pela floresta de forma consciente e em harmonia com a natureza. Assim, poderão contribuir para o equilíbrio e ordenamento do sistema natural e, quem sabe, romper com o padrão exploratório que praticamos até então.

Por isso, transformar uma fazenda que já teve diferentes vocações, da produção de café ao pasto de gado, em um exemplo claro de que a regeneração da floresta pode trazer inúmeros benefícios, econômicos, ambientais e sociais, me trazia imensa satisfação. Eu planejava presentear e sensibilizar os estudantes, as crianças e os visitantes através de estímulos físicos, mentais, criativos e sensoriais, com a textura e a cor das plantas, com as corredeiras d'água que percorriam toda a Reserva, com os aromas e sabores das frutas, legumes e vegetais da agrofloresta.

Seria necessário todo um planejamento de gestão educacional e, naquele momento, enquanto as edificações eram levantadas e os papéis organizados, o primeiro passo foi contratar uma pesquisadora. Além de avaliar a transformação dos parâmetros do solo antes e depois da implementação da agrofloresta para a medida e descrição dos impactos positivos gerados no ecossistema, ela também iria traçar diretrizes relevantes para potenciais serviços ecossistêmicos e planos de desenvolvimento para a educação ambiental. Os serviços ecossistêmicos indicados, provenientes da agrofloresta, como a produção de oxigênio atmosférico, ciclagem da água e de nutrientes, sua formação e retenção no solo, seriam baseados nos primeiros dados coletados nas terras da reserva. Já os planos para a educação ambiental, abordariam conceitos relevantes para a continuidade da preservação, regeneração e bem-estar das populações humanas como a biodiversidade, a segurança alimentar, a ecologia e a importância dos recursos hidrícos e de um solo saudável. Dessa maneira, as crianças, jovens e adultos que participassem do projeto futuramente teriam acesso a esses dados de forma lúdica e instigante, formando um olhar sensível, integrado e, quem sabe, transformador, sobre as questões ambientais.

Em meus estudos de "ecocurioso" sobre projetos de educação para o meio-ambiente, o Instituto Terra, do fotógrafo Sebastião Salgado e sua esposa Lélia Salgado, serviu como referência e grande inspiração. Com a primeira Reserva Particular de Patrimônio Natural do Brasil, o Instituto realizou o trabalho de regeneração da Mata Atlântica com a recuperação de 608,69 hectares na Fazenda Bulcão, em Aimorés, Minas Gerais. As terras pertenciam à família do fotógrafo e se encontravam totalmente degradadas. Hoje, a reserva possui 709,87 hectares de fomento ao desenvolvimento sustentável. Em duas décadas, foram plantadas mais de 6 milhões de mudas de árvores, com mais de 290 espécies nativas, em uma área que continua a ser recuperada com a ampliação de espécies e genomas da Mata Atlântica. Esse processo de continuidade demonstra a importância de se aprender com a própria natureza e ir trabalhando em conjunto para a regeneração da vida. Um tipo de iniciativa que ainda é rara no país, com uma estrutura inovadora, aliás, transformadora. Além de investir na recomposição do solo, no resgate de recursos hídricos e no retorno de animais silvestres e aves ameaçadas de extinção, o Instituto Terra realiza também projetos de educação ambiental e científica.

Para o trabalho de recuperação da Mata Atlântica e suas complexas interações existentes, que foram perdidas com o desmate de quase 20 mil espécies vegetais, foi preciso agregar grande conhecimento técnico ao projeto. O passo mais importante era a produção de mudas nativas em variedade para recriar essa biodiversidade com as melhores condições de pega nos plantios, principalmente em áreas degradadas. O desenvolvimento do conhecimento técnico contribuiu para que, hoje, a reserva tenha capacidade de produzir 1 milhão de mudas por ano.

Seguindo na mesma trilha, a ideia da Chão de Estrelas era realizar os estudos de diagnósticos da situação ambiental, do solo, da mata e do entorno para, além de promover as melhores condições de pega para mudas, passar adiante conhecimento para que novas iniciativas de reflorestamento pudessem acontecer. Nosso intuito era criar um verdadeiro chão de estrelas, a ser aceso por toda a Mata Atlântica. Da mesma forma, o viés educacional foi traçado junto ao científico. Em conjunto com as ações de análises técnicas, desenhamos projetos para transformar a Chão de Estrelas em um polo de educação ambiental para a Mata Atlântica, fomentando a importância da conservação e recuperação florestal.

Através da visitação educacional, com brincadeiras que levassem ao conhecimento, a ideia seria promover a reflexão criativa sobre o mundo em que vivemos. O objetivo era desenvolver o pensamento autônomo para a percepção sobre o nosso atual modelo de relação com a natureza. Através do estímulo a ideias do livre pensar, criadas por associações ligadas ao meio ambiente, o intuito seria potencializar as gerações futuras, a curto, médio e longo prazo, para a consciência ambiental. Em paralelo aos projetos educacionais, haveria também a oportunidade para a formação de agentes de transformação da comunidade, que tivessem interesse em atuar no desenvolvimento sustentável de reservas ambientais. Assim, os projetos educacionais atuariam, em um só tempo, na esfera social, econômica e ambiental.

A princípio, a ideia seria desenvolver projetos presenciais de visitação para crianças de Paraty, da região do Vale do Paraíba e dos estados do Rio de Janeiro e São Paulo. Com a chegada da pandemia e o contexto do ensino remoto, cogitou-se também a realização de projetos virtuais para todo o Brasil, englobando professores de ensino fundamental e médio, gestores educacionais de regiões distintas, fomentando assim o aprendizado para a educação ambiental nas mais diversas escolas, em diferentes geografias. De forma presencial ou online, a ideia era que a sensibilização para a causa do meio ambiente ultrapassasse o ambiente escolar, chegando também às famílias nas comunidades. Com a criação de uma teia sistêmica pela preservação ambiental, seria compartilhado o princípio de que somos todos parte do todo, entrelaçados na mesma lógica natural de geração e perpetuação da vida, fomentando o espírito coletivo em que cada um contribui com sua própria presença para a biodiversidade da natureza, espalhando a consciência ambiental como o pólen no corpo das abelhas e as sementes no bico dos pássaros.

Uma criança que depois da visita a uma reserva ambiental passa a cuidar de uma plantinha em casa. Um jovem que após uma atividade coletiva de transformação para um mundo sustentável deseja fazer a sua parte. Um adulto que sonhe em devolver à Mata Atlântica a sua grandiosidade. As propostas educacionais da Chão de Estrelas seriam todas inseridas nas recomendações da Unesco para a Década da Educação para o Desenvolvimento Sustentável. Propostas direcionadas a crianças, jovens e adultos que possam se perceber enquanto humanidade, onde cada um realiza a sua pequena parte, já que uma andorinha só não faz verão.

E por falar em andorinha...

Eu sonhava em voar sobre a Mata Atlântica e vê-la se acender como um chão de estrelas, de norte ao sul do país, em seu processo de regeneração. Sonhava em vê-la de cima, florescendo em direção à sua abundância original. 145 milhões de pessoas vivem na Mata Atlântica. A ignição para acendê-la em seu brilho total pelo território brasileiro seria a educação. Oficinas, cursos, vivências e atividades voltadas para crianças, jovens, professores e suas comunidades. Estímulos ao ecoturismo, ao turismo pedagógico, ao turismo científico. Olhar para esse chão de estrelas não com lunetas, mas com microscópios e a olho nu, estudando as suas mais variadas espécies vegetais, compreendendo seus microorganismos e processos de abundância do solo, ajudando na regeneração da prosperidade natural dessa terra. Encarar esse chão de estrelas como um palco luminoso, onde a implementação de técnicas de agricultura regenerativa, permacultura e de reflorestamento possa servir como um tablado de pesquisas para estudiosos do tema, agrônomos, observadores de pássaros, viveiristas de mudas, turistas científicos, ecocuriosos e todos aqueles que se disponham a aprender, trocar e replicar o conhecimento. Por último, compreender esse chão de estrelas como uma universidade, em que as diversas disciplinas se conectem na teia do saber e o aprendizado em comum seja escutar os mestres da fauna e da flora, das águas e das montanhas, cada um instruído pelas mais diversas manifestações da natureza, dispondo-se humildemente a fazer parte dela.

Acredito que, nessa universidade, eu esteja sentado em um banco perto do murmúrio de uma queda d'água, com a pasta da minha pesquisa-ação em aberto, com seus estudos sobre o ecoturismo prontos, ainda que em teoria, para aplicá-los àquela realidade.

16 / Com vocês, o ecoturismo

Não há como pensar em ecoturismo na Reserva Chão de Estrelas sem pensar em ecoturismo em Paraty. Não há como pensar em ecoturismo em Paraty sem pensar em ecoturismo no Brasil. E não há como pensar em ecoturismo no Brasil sem pensar em ecoturismo no mundo. Para ser orientado nessa viagem do macro ao micro, tive a sorte de ter um orientador e amigo mais do que especialista. Roberto Mourão não apenas sabia muito do assunto como contribuiu para fundar o ecoturismo no Brasil. Em nossos encontros na varanda da minha casa em Paraty, ele me explicou que o Turismo Ecológico chegou ao Brasil no final dos anos 1980 depois de iniciadas as discussões sobre o tema nos Estados Unidos pela The International Ecotourism Society.

Roberto foi o diretor internacional da instituição por sete anos e, com base no trabalho realizado ali, fundou a Associação Brasileira de Ecoturismo em 1994, ainda sobre os ecos da Rio-92, com o apoio do governo brasileiro por meio da Secretaria da Amazônia Legal e do

Ministério do Meio Ambiente. No início de 1994, um grupo de especialistas e representantes governamentais realizou um encontro na cidade de Goiás Velho, terra da escritora Cora Coralina, com o objetivo de criar formalmente as Diretrizes para a Política Nacional de Ecoturismo. O ecoturismo e o turismo sustentável foram fomentados sobretudo pelo Ministério do Meio Ambiente, junto com a Embratur, sendo que os princípios adotados por final referem-se ao Acordo de Mohonk, de novembro de 2000, um congresso internacional que ocorreu em meio às montanhas do estado de Nova York, onde foram estabelecidas as premissas do turismo sustentável, seja em área urbana ou rural. A partir deste evento, resultaram os conceitos de turismo sustentável e ecoturismo. Turismo sustentável é aquele que busca minimizar impactos negativos ambientais e socioculturais, ao mesmo tempo que promove benefícios econômicos para comunidades locais e destinos. Ecoturismo é o turismo sustentável em áreas naturais, que beneficia o meio ambiente e as comunidades visitadas e promove o aprendizado, respeito e consciência sobre aspectos ambientais e culturais.

Sempre associei esse tipo de turismo a locais verdes, que envolve aventura e exploração, mas com os estudos para o mestrado compreendi que ele também envolve as comunidades locais, no chamado turismo de base comunitária. Um passeio de barco com um caiçara de

Paraty, por exemplo, para vê-lo tirar o peixe da área de despesca é considerado um programa turístico de base comunitária. Em nossa experiência na Amazônia, pudemos ver de perto esse tipo de turismo, realizado na Reserva de Desenvolvimento Sustentável de Mamirauá em parceria com o Instituto de Desenvolvimento Sustentável Mamirauá, uma organização social fomentada e supervisionada pelo Ministério da Ciência, Tecnologia e Inovações. Ali, são realizados programas de pesquisa, manejo e desenvolvimento social. O suporte ao ecoturista é feito pela pousada flutuante Uacari Lodge Mamirauá, administrada pela gestão participativa entre a AAGEMAM, associação de auxiliares e guias de ecoturismo de Mamirauá, e dez comunidades ribeirinhas. O principal objetivo da atividade turística dentro da reserva é fomentar uma alternativa econômica para as comunidades locais, diminuindo assim a pressão sobre os recursos naturais na área de preservação.

Na época em que fomos visitar Mamirauá, meu intuito era conhecer de perto o ecoturismo realizado na região para levantar uma análise dos resultados econômicos das atividades turísticas, como logística, recepção, recreação e a comercialização de produtos e dos roteiros que envolvem a fauna, a flora e os saberes e fazeres das comunidades tradicionais envolvidas. A partir daí, buscaria formas de potencializar a atividade turística na região e apontar caminhos para investimentos econômicos no ecoturismo, não apenas em Mamirauá, mas na Amazônia como um todo. O turismo de base comunitária parecia ser um excelente caminho para manter a floresta em pé, gerando benefícios tanto para os turistas quanto para a preservação ambiental, além de resultados econômicos para as comunidades.

Em uma análise mais cuidadosa, percebi que os números eram diferentes do que eu imaginava. O recorte na pesquisa se fazia necessário já que, além de ser a primeira reserva de desenvolvimento sustentável do Brasil, Mamirauá atuava no ecoturismo na Amazônia havia 25 anos, o que fornecia dados importantes para a análise da atividade turística na região, bem como abria caminhos para a busca de soluções factíveis, como investimentos econômicos em setores específicos. Mas me surpreendi ao saber que, apesar do imenso tamanho e importância da reserva, os números do turismo realizado ali eram muito baixos para uma área de manejo especial para a atividade, com um fluxo anual limitado a apenas 1.000 visitantes.

Só a título de exemplo, a Costa Rica, com um território menor que 1% do brasileiro e foco no turismo sustentável em floresta tropical, recebeu 3 milhões de turistas e obteve 3,8 bilhões de dólares em 2018, com o turismo representando 6,4% do PIB do país. No mesmo período, o Brasil todo faturou 5,9 bilhões de dólares e recebeu 6,6 milhões de visitantes. Um resultado que representa pouco mais que o dobro da Costa Rica, em um território cem vezes maior e uma diversidade de seis biomas distintos, que vão de praias paradisíacas ao pantanal, às peculiaridades do cerrado e à abundância da floresta amazônica. Esses números me fizeram pensar na imensa oportunidade que o Brasil tem nas mãos para o investimento no ecoturismo e, com essa atividade, gerar recursos econômicos, proteger suas comunidades tradicionais e manter a floresta em pé.

De acordo com o professor Virgílio Viana, PhD pela Universidade de Harvard, nos Estados Unidos, não há dúvida de que o Brasil está perdendo uma enorme oportunidade. Por estar em evidência, devido ao aumento das queimadas, o interesse internacional na Floresta Amazônica poderia ser usado "a nosso favor" por meio do estímulo ao ecoturismo na região. Todos sabemos do fascínio que a beleza da floresta tropical exerce no imaginário das pessoas e por isso o ecoturismo é uma atividade econômica com potencial gigantesco, justamente por esse encanto – e pela preocupação global com a sua proteção. Todos sabemos da urgência em se preservar a Amazônia para evitar as catástrofes climáticas. Essa mesma lógica pode ser estendida à Mata Atlântica, como outro bioma natural de floresta tropical e de necessidade urgente de preservação.

Segundo o professor Ralf Buckley, da Universidade Griffith, na Austrália, autor de vários livros sobre o ecoturismo no mundo, o turismo sustentável deu certo em diversos países, gerando escala econômica. Nas florestas tropicais, teria poder para substituir o desmatamento em massa pelo reflorestamento. De acordo com ele, "uma vez estabelecido, o turismo é muito maior do que a indústria madeireira, agrícola ou de mineração em termos de escala econômica e geração de empregos". A indústria do turismo e de atividades ao ar livre movimenta anualmente 1 trilhão de dólares no mundo todo, um mercado que tende a retomar suas atividades com foco maior na preservação. Faltam ainda estudos e estatísticas globais consolidadas sobre o tema, relacionados ao turismo sustentável e, sobretudo ao turismo pedagógico e científico. Mesmo que a Organização Mundial de Turismo das Nações Unidas colete dados em diversos países, ela não dispõe de informações específicas sobre o nicho do ecoturismo, já que não há um único modelo universalmente aplicável. De acordo com o professor Buckley, cada país tem diferentes histórias, leis, políticas, sociedades e economias, o que pode contribuir para resultados diferentes. Como vimos, o desenvolvimento sustentável na prática vai depender de ações específicas, que levem em conta fatores inerentes a cada região.

No entanto, há exemplos de negócios que deram certo nessa área, e que poderiam servir de inspiração para novos projetos no Brasil. Na Costa Rica, os americanos passaram a voar até o país apenas para conhecer a *rainforest*, já que nos Estados Unidos não há nada parecido com esse tipo de floresta tropical. Ali, alugavam um carro, contratavam um mateiro e começavam a aprender sobre a biodiversidade, a fauna e a flora, aves, macacos e orquídeas desse ecossistema, mesmo que a floresta seja ainda menos preservada que a brasileira. Um passeio pelo rio Sarapiqui, por exemplo, oferece uma verdadeira experiência na selva, ainda que, cem metros além da margem do rio, a mata se torne um bananal para exportar bananas para os próprios Estados Unidos. Assim começou o ecoturismo em floresta tropical na Costa Rica, este pequeno país da América Central, tornando-se uma mina de ouro local, com a atração de milhões de turistas do mundo todo.

A Amazônia peruana é um outro exemplo de destino de ecoturismo bem-sucedido. A professora Amanda Stronza, codiretora do programa de ciência aplicada à biodiversidade da Universidade A&M do Texas, nos Estados Unidos, estudou o programa de perto e constatou que um dos segredos da viabilidade do turismo sustentável na região tem como ponto de partida iniciativas de desenvolvimento com base nos interesses da comunidade local. Uma parceria entre uma empresa canadense e os índios da comunidade Ese-Eja resultou na construção de um resort nos anos 1990 que, até hoje, revela-se como um empreendimento de resultados econômicos factíveis, com geração de renda para as famílias locais. De acordo com a professora Stronza, é de suma importância lembrar que regiões de florestas tropicais não são terras selvagens e desabitadas. Ali vivem milhares de pessoas que conhecem a região e a consideram o seu território. Qualquer empreendimento econômico precisa envolvê-los. Sob esse prisma, o turismo ecológico é uma opção que deve ser articulada com outras, como o manejo da agricultura familiar, a extração vegetal sustentável, a educação ambiental e a capacitação de recursos para valorizar os saberes e fazeres das comunidades locais.

Eu inferia que, para o sucesso de um projeto de ecoturismo, além do envolvimento com a comunidade local, deveriam ser levados em conta outros fatores como a facilidade de circulação do ecoturista. A Costa Rica, por exemplo, fica a apenas duas horas de voo dos Estados Unidos. A Reserva Chão de Estrelas também conta com vantagem da mesma natureza, por sua localização entre duas grandes cidades, Rio de Janeiro e São Paulo, com aeroportos internacionais e voos diretos, além de um bom acesso pela estrada Rio-Santos. Seria necessário lidar também com picos de sazonalidade, que sempre interferem no turismo. Na Chão de Estrelas, há temperatura e estrutura para receber visitantes durante o ano todo, mesmo em épocas de chuva. Contamos também com um bom potencial de serviços e produtos a serem oferecidos, sobretudo no que se refere ao turismo pedagógico e científico. Nesse tipo de atividade turística, a matéria prima a ser oferecida é a mesma, seja uma trilha na floresta ou um passeio de barco, o que muda é a qualidade da informação. Um grupo de agrônomos ou estudantes de agronomia que visita uma agrofloresta, por exemplo, está fazendo turismo científico já que precisa de um guia especialista com um nível de informação tão alto ou maior do que o do público em questão.

Roberto Mourão me contou sobre uma experiência que teve no Jardim Botânico do Rio de Janeiro, na ocasião do seu centenário. O diretor do jardim na época, o ambientalista Wanderbilt Duarte de Barros, iria receber 13 chefes e diretores de jardim botânicos internacionais. Mourão foi convidado a programar um passeio com esses altos especialistas, com duração de um dia, para conhecer a Mata Atlântica. Eles saíram às 5 da manhã em direção ao sítio de um especialista em orquídeas e bromélias, na região serrana do Rio de Janeiro. Às oito da noite, o grupo ainda não queria deixar o sítio, tamanha era a qualidade da informação sobre aquelas plantas tão específicas, que os diretores nunca tinham visto. Essa história me despertou para a vocação da Chão de Estrelas, voltada para o turista técnico, profissional ou científico, que busca informação de alto nível, mas também para o ecocurioso, o ecoturista interessado em novos aprendizados e curiosidades locais. Sendo o mesmo insumo, o que muda é a especialidade do serviço, o que significa investir em capital humano, algo que muito me interessa. Saber o manejo de uma planta no dia a dia, como encontrar uma espécie rara de cogumelo ou até mesmo o nome científico em latim das aves e espécies vegetais da localidade – o que importa é o nível do conhecimento e sua forma de transmissão. Em todos os casos, vale compreender o ecoturismo como uma oportunidade econômica, com diversas frentes de atuação, que oferece conhecimento de qualidade ao público, gera ativos econômicos para a comunidade local e os atores envolvidos, cria

possibilidades reais para manter a floresta em pé e ainda promove a educação ambiental para as gerações futuras. Surpreendia-me, no entanto, ao saber que Paraty, mesmo com seu potencial natural de mar, montanha e floresta, mesmo com sua riqueza humana de comunidades caiçaras e caboclos tradicionais, tinha tão raras iniciativas de prática do ecoturismo.

17 / Meu matrimônio com um patrimônio

Paraty foi considerada o primeiro patrimônio mundial misto da humanidade na América do Sul. Misto porque foi reconhecido pelo Comitê do Patrimônio Mundial da Organização das Nações Unidas para a Educação, a Ciência e a Cultura (Unesco) como patrimônio natural e cultural ao mesmo tempo, incluindo diversas áreas protegidas da Mata Atlântica. A interação entre as características naturais e culturais da região passaram assim a ter valor universal – um valor que, há muito tempo, eu já reconhecia e por esse motivo Paraty se tornou a minha escolha para realizar o meu propósito de vida. Esse reconhecimento internacional traz também a responsabilidade de preservação a cada um que vive e frequenta a região. Também traz à Chão de Estrelas essa responsabilidade, colocando em foco aqueles 200 hectares de terras estelares que eu me dispus a cuidar.

Paraty é uma cidade marcada pelo esquecimento ao longo de sua história. Viveu seus tempos áureos primeiro durante o Ciclo do Ouro, no século 17, quando, a partir de seu porto, abastecia de cachaça e farinha aqueles que seguiam o caminho para as Minas Gerais, com as ferramentas da mineração. Com o deslocamento do comércio para a cidade do Rio de Janeiro, ficaria perdida no meio do caminho. Depois veio o Ciclo do Café, no século 19, que com o passar do tempo acabou se concentrando montanha acima, na região de Cunha. E Paraty ficou mais uma vez esquecida entre o mar e a serra, à espera da estrada de ferro que ligaria São Paulo ao Rio de Janeiro – mas sem passar por ela. Seu casario colonial permaneceeu intacto, não por cuidados históricos, não porque foi preservado pelo Iphan, o instituto do patrimônio histórico e artístico nacional, mas por pura e simples pobreza. A cidade não tinha recursos para construir nada de moderno, até que finalmente abriram a Rio-Santos, uma rodovia de asfalto criada nos anos 1970 para o desenvolvimento do turismo na região. Paraty então ficou na moda, mas o preço a ser pago foi alto. Com a injustificada ideia de reproduzir os padrões da Cote D'Azur francesa no litoral brasileiro, parte da Mata Atlântica e sua beleza natural seriam destruídas. Alguns lugares de floresta nativa se tornaram irrecuperáveis. O turismo de Paraty teve seu auge na virada para os anos 1980, mas, com o passar do tempo foi perdendo as suas características originais. Por anos, manteve-se com a realização de grandes festivais culturais, como os de fotografia, gastronomia e cachaça, com destaque para a Flip, a Festa Literária Internacional de Paraty, da qual tenho a honra de ser patrono há muitas edições. Nesse contexto, acabou cultivando um turismo de massa, desfocado e desconectado de suas características tradicionais e culturais. Assim, mais uma vez Paraty ficou esquecida entre uma coisa e outra e, apesar de sua riqueza natural extraordinária, o ecoturismo praticamente não existe na cidade.

A área de patrimônio universal reconhecida pela Unesco foi chamada de "Paraty: Cultura e Biodiversidade". Engloba um território de quase 149 mil hectares, onde o centro histórico da cidade e a Ilha Grande se cercam de quatro áreas de conservação ambiental. Entre elas está o Parque Nacional da Serra da Bocaina, do qual a Reserva Chão de Estrelas é vizinha. A região firmou acordos de cooperação técnica com os órgãos gestores federais, estaduais e municipais e, junto ao trabalho de ongs como a SOS Mata Atlântica, passou a implementar Unidades de Conservação (UCs). Houve então diversas ações de preservação ambiental e cultural, como a melhoria da infraestrutura da cidade, o fortalecimento dos conselhos consultivos e a melhoria da sinalização e fiscalização para a proteção das áreas conservadas, além do incentivo a projetos de educação ambiental. Ainda assim, o ecoturismo não foi considerado. Paraty é sem dúvida um foco para o turismo nacional e internacional. De acordo com Marcia Hirota, diretora executiva da SOS Mata Atlântica, o reconhecimento de Paraty como patrimônio cultural misto da humanidade representa avanços não apenas para as áreas ambientais, mas também para as comunidades humanas locais, e por isso cabe a todos nós cooperar para a conservação natural da região, aliada ao desenvolvimento regional e à melhoria da qualidade de vida. Por isso, acredito que o investimento em ecoturismo seria uma ferramenta chave para o desenvolvimento sustentável e a preservação de um patrimônio tão importante em nível mundial.

Para o reconhecimento da Unesco, as características ambientais da região foram de grande importância, já que a preservação de ecossistemas naturais atua na conservação da biodiversidade do planeta como um todo. A área inclui espécies em risco de extinção que possuem um valor científico universal, isso sem contar o alto grau de espécies endêmicas da fauna e da flora, únicas do bioma Mata Atlântica – são 36 espécies vegetais consideradas raras, sendo 29 endêmicas, que só existem ali. A área do patrimônio "Paraty: Cultura e Biodiversidade" abrange cerca de 45% das aves da Mata Atlântica e 34% dos anuros, os sapos e rãs deste bioma. Há registros de mamíferos e de predadores raros, como a onça-pintada e o muriqui, o maior macaco das Américas, em risco de ser extinto. Com cerca de 85% da cobertura vegetal nativa bem conservada, essa região forma o segundo maior remanescente florestal do bioma Mata Atlântica em todo o território brasileiro. Compreende também registros humanos que datam de 4 mil anos, testemunhando a relação ancestral do homem com a natureza.

Ou seja, não há outro lugar como este no planeta. Todos os esforços para conservá-lo devem ser empreendidos. A relação das comunidades locais com o meio ambiente também deve ser considerada. Pessoas que vivem ao redor de áreas florestais fazem parte do ecossistema, assim como a fauna e a flora. O ecoturismo, apontado como uma das grandes estratégias para a preservação ambiental, atua justamente nesse sentido. Oferece meios de desenvolver economicamente as comunidades que vivem na região a partir de seus saberes e fazeres, aliados à proteção da biodiversidade. A área do patrimônio mundial abriga duas terras indígenas, dois territórios quilombolas e 28 comunidades caiçaras, que vivem da relação com a natureza, da pesca artesanal e do manejo sustentável de espécies. Ainda assim, com tanta riqueza natural e humana, o ecoturismo realizado em Paraty se resume apenas a passeios de escuna e de jipe para conhecer uma cachoeira e fazer a degustação da cachaça.

Além da sua biodiversidade e do fácil acesso via Rio e São Paulo, Paraty conta também com um riquíssimo potencial gastronômico e histórico. Por isso, vale a pena investir, sobretudo, em serviços capacitados para a transmissão do conhecimento. Roberto Mourão me contou que certa vez trouxe a Paraty o biólogo e fotógrafo norte-americano Maison Fisher, que trabalhava na International Expeditions, uma das mais conceituadas operadoras de turismo de natureza. O guia local, no entanto, passou tantas informações equivocadas sobre a Mata Atlântica que até o operador, mesmo não sendo da região, percebeu. Caso seja feito em Paraty um incentivo ao ecoturismo de base comunitária, como vimos em Mamirauá, em que as próprias comunidades envolvidas apresentem seus saberes tradicionais e cotidianos, como a pesca e a coleta de plantas medicinais, em que haja a oportunidade de valorização de suas próprias histórias, há um grande potencial de desenvolvimento.

O Quilombo do Campinho da Independência, a 20 quilômetros de Paraty, vem desenvolvendo um trabalho nesse sentido. Habitado por cerca de 150 famílias, com população total de 550 pessoas, a maioria jovens e crianças, o quilombo se organiza em 13 núcleos familiares. Em cada um desses núcleos, a célula principal é a casa do casal mais velho, que tem em volta as moradias dos filhos e dos netos. Não há cercas nem muros separando as casas e quase todos os núcleos têm a sua própria casa de farinha, o terreno com ervas e árvores frutíferas e a criação de galinhas e porcos. O Campinho da Independência concentra a sua maior fonte de renda na experiência gastronômica sustentável, no artesanato local e nas visitas guiadas pelo turismo de base comunitária.

Organizados e atentos aos benefícios de um turismo sustentável estruturado, investem no preparo para receber os visitantes, desde a decoração típica do restaurante até a forma como os mais velhos contam as suas histórias tradicionais em roda. Atuam também em instalações de marketing, como o quiosque que fizeram na estrada, no lado oposto à entrada da comunidade quilombola, uma espécie de cartão de visitas para exibir o artesanato local. Realizam também oficinas, para descobrir e apostar no talento de cada membro da comunidade. O investimento no que chamam de Roteiro de Turismo Étnico de Base Comunitária foi fundamental para orientar o projeto a partir de seus saberes e fazeres – o artesanato, o viveiro de mudas, as roças tradicionais, a agrofloresta, o jongo e as festas populares, as oficinas de cestaria e plantio, o restaurante. Nos últimos anos, passaram a receber ônibus e vans lotadas com alunos de escolas do Rio de Janeiro e São Paulo, sendo um exemplo prático para a educação com base em turismo comunitário.

Iniciativas existem, boa vontade também. Se mais conhecimento e oportunidades para o desenvolvimento sustentável forem gerados, o ecoturismo pode coroar o tripé econômico, social, ambiental que manterá a floresta em pé. Não apenas na Mata Atlântica, mas também na Amazônia e nos outros biomas brasileiros. Não apenas no Brasil, mas nas áreas de conservação e regeneração do planeta como um todo. Um planeta que, vale lembrar, está se aquecendo a cada minuto, indo em direção a um desastre climático sem precedentes. Um planeta que eu gostaria de que minha filha e as gerações futuras pudessem desfrutar para sempre. Um planeta que, neste momento, precisa apenas de que os seres humanos se levantem e comecem a agir em prol da sua regeneração e preservação. E já.

18 / Pela utopia da regeneração

"Caminho dez passos, e o horizonte corre dez passos. Por mais que eu caminhe, jamais alcançarei. Para que serve a utopia? Serve para isso: para que eu não deixe de caminhar."

A frase do escritor uruguaio Eduardo Galeano representava bem a minha jornada pela Chão de Estrelas em direção ao desenvolvimento de uma reserva sustentável. A cada dia, eu me levantava ansioso em meio às edificações que nunca terminavam, à agrofloresta que nunca começava, aos visitantes que nunca chegavam. Apesar de saber que o estudo é um processo contínuo para a vida inteira, a hora de fechar a minha pasta de "acadêmico do mato" havia chegado.

Nos últimos tempos, eu tinha lido artigos sobre a prática do turismo sustentável em áreas protegidas, especialmente sobre o quanto o turismo científico ainda é um tema pouco explorado no Brasil, sem nem sequer ser considerado um segmento. Ao investigar sobre o empreendedorismo sustentável e a construção de cenários para o ecoturismo, descobri que periódicos internacionais também vinham se debruçando cada vez mais sobre o assunto em dedicados artigos, como o *Ecological Economics* e o *Journal of Environmental Economics & Management*. Percebia-se um consenso quanto aos benefícios sociais e ambientais desse investimento para bases comunitárias tradicionais e os meios de conservação, com frutos econômicos para os grupos de interesse envolvidos, a saber, gestores, investidores, pesquisadores e as comunidades locais. Faltava aplicar na prática. E eu me sentia animado para fazê-lo.

Já havia um ano e meio que eu tinha me casado com a reserva e agora aguardávamos ansiosos a chegada de nossos primeiros filhotes, as mudas das frutíferas que chegaram quando as folhas do inverno começaram a cair. Jamais me esquecerei do dia em que o Jorge e sua equipe chegaram com o caminhão, serra acima, e desembarcaram, um por um, os primeiros pés de laranja, de tangerina, de abacate, cacau, cambuci, cereja, carambola, bacupari e tantas outras frutíferas para inaugurar a agrofloresta da Reserva Chão de Estrelas. A sede dos bebês seria saciada pelos sistemas de irrigação e o álbum de registro dos filhotes feito por um drone, para o sistema comparativo de cada fase do seu crescimento. O sabor das primeiras frutas é esperado no período de seis meses a um ano, após o período de nutrição exclusiva do solo. De mãos dadas com a reserva, eu admirava tudo do mirante. Havia me casado com o meu propósito de vida. E me sentia feliz.

Sobre a ponte pênsil que cruzava o rio, planejei exatamente como iniciar a primeira atividade turística, educacional, pedagógica, científica: um ponto de observação para a copada das árvores. Ao longo do caminho, os visitantes entrarão em contato com as histórias das mais distintas espécies de árvores nativas, vistas ali. Na torre do mirante, logo acima, serão concentradas as atividades relacionadas ao monitoramento de aves. Afinal, as mais diversas espécies das famílias saíra e tangará, como o tiê-sangue, o saíra-militar, o saíra-sete-cores, aves típicas da Mata Atlântica, poderão ser vistas e apreciadas com frequência cada vez maior com a chegada das jabuticabeiras, pitangueiras e amoreiras da agrofloresta. Em meio a elas, a colheita do milho, da mandioca, da abóbora, das verduras e vegetais servirá tanto para o aprendizado sobre o consórcio da agrofloresta quanto para o preparo da refeição orgânica e sustentável dos visitantes, a ser servida na sede. Seguindo a ponte, há uma trilha chamada Jardim dos Colibris, um caminho com bebedouros e comedouros onde os mais diversos tipos de beija-flores vêm se alimentar, sinalizado por placas técnicas e criativas com os nomes e curiosidades sobre as espécies vistas ali. Logo após a trilha, um borboletário, onde os visitantes poderão observar os estágios do ciclo de vida das borboletas, da larva à crisálida, e soltá-las com as próprias mãos na natureza, após elas deixarem suas pulpas. Um gesto de liberdade e conexão com a natureza, a nos fazer sentir parte do entorno. No canteiro de temperos e ervas medicinais, os visitantes poderão colher os ingredientes que trarão um sabor especial para a sua refeição, junto com os legumes e vegetais colhidos.

O aroma dos chás perfuma a sede. Na área do fogo-de-chão, os visitantes escutam histórias da região e repassam seus aprendizados antes de finalizar o dia na piscina da caverna da Arquitetura Sítio Arqueológico, onde a água, aquecida pela energia hidrelétrica do rio, torna-se mágica e misteriosa entre as paredes rochosas com as pinturas em homenagem à antiga arte rupestre da Mata Atlântica. O dia termina. As visitações são encerradas. A mata anoitece. Enquanto isso, a agrofloresta continua em processo, enriquecendo o solo, com seus níveis de nutrição constantemente medidos, aproveitando os ares da noite para a fotossintése em uma área de pasto recuperada onde até então ela pouco acontecia. As aves dormem. A floresta nativa se concilia dia a dia ao perímetro das árvores reflorestadas, as Abundantes, agora em estágio de crescimento. No jornal, notícias de que mais iniciativas como essas estão sendo feitas pelo Brasil. A Mata Atlântica teve o menor índice de desmatamento dos últimos anos, assim como as queimadas da Amazônia. Há algo acontecendo. Talvez um despertar da consciência.

Utopia?

Pode ser. De toda forma, ela serve exatamente para isso, para que se caminhe. A Chão de Estrelas segue seus passos a cada dia. Um caminho iniciado por um ecocurioso em um sonho distante de preservar a Amazônia, que se lançou em um curso de mestrado para o desenvolvimento sustentável e acabou se tornando um "empresário ecológico" pela regeneração da Mata Atlântica. Um acadêmico do mato que colecionou em sua pasta os primeiros estudos sobre sustentabilidade, produtividade, caminhos para manter a floresta em pé, economia do conhecimento da natureza, créditos de carbono, meliponicultura, agrofloresta, nutrição do solo, permacultura, educação ambiental, ecoturismo, turismo pedagógico e científico. Estudos que, pouco a pouco, começaram a ser aplicados em uma pesquisa-ação in loco na Mata Atlântica. Estudos que brotaram de uma vontade de compartilhar o conhecimento e semearam a ideia deste livro.

Enquanto estas páginas eram escritas, o reflorestamento gerava os seus primeiros efeitos. Enquanto estas linhas eram traçadas, a variabilidade genética da reserva aumentava, proporcionada pela grande diversidade de espécies introduzidas. Enquanto eu me dispunha a criar algo junto com a natureza, a Chão de Estrelas fazia a sua pequena parte pelo Pacto Florestal, uma iniciativa para acelerar o processo de recuperação da Mata Atlântica, com o objetivo de regenerar 15 milhões de hectares até o ano de 2050. Estávamos caminhando. Pelo menos algumas dezenas já conseguíamos garantir.

Hoje, a maioria das áreas de preservação deste bioma se encontram pulverizadas. Mais de 80% da vegetação ainda existente está espalhada por áreas com menos de 50 hectares. Quanto a mim, continuarei a fazer a minha parte e alimentar a utopia de que essas áreas um dia possam se encontrar e devolver a Mata Atlântica à sua magnitude original. E que essa regeneração também se espalhe por outros biomas, devolvendo

às terras brasileiras a sua riqueza de direito. Como o mito da cobra-canoa, dos povos do Alto Rio Negro, que fala sobre como a humanidade foi formada no bojo de uma grande cobra, criando comunidades ao longo do rio. Segundo contam, os primeiros ancestrais dos povos rionegrinos chegaram à região depois de uma longa viagem pelos rios da Amazônia, realizada no ventre de uma cobra-canoa. Eles eram originalmente enfeites mágicos brilhantes, dentro desse animal conhecido como "canoa da transformação". Mas ao longo do percurso, após o ritual de passagem, transformavam-se em gente e entravam nas malocas deixadas na beira do rio, formando assim a futura humanidade.

Da mesma forma, como propósito de vida, tenho

o intento de ver a Chão de Estrelas espalhada pelas áreas mais degradadas dos seis biomas brasileiros, feito uma cobra-canoa que transforma suas riquezas em árvores brilhantes e luminosas pelas margens dos rios, dos mares e por toda a Terra. E que essas árvores sejam plantadas por essa mesma humanidade que um dia surgiu sobre a Terra e no outro a destruiu. Como objetivo desta passagem por nosso planeta, quero ver a natureza brilhando e regenerando cada canto que, por inconsequência, depredamos. Como legado de minha simples existência, espero ver a Chão de Estrelas em parcerias no fomento a outras iniciativas como essa por todo Brasil, o pulmão verde do mundo, para que o planeta continue a respirar em direção ao futuro. Uma cobra-canoa pelos rios e mares, espalhando sementes radiantes de vida por toda a terra. Meu desejo é que possamos sobreviver ao choque do avião ambiental contra a dura e inegável realidade das mudanças climáticas. Vamos agir depressa. Ainda dá tempo.

Paraty, agosto de 2021

Leo e a Reserva – faça chuva ou faça sol,
com a sustentabilidade na cabeça

Horta próxima ao riacho. Nesta página, Leo, Ava e Jorge Ferreira em ação entre os canteiros

Ava com verdura orgânica produzida na Reserva
e Leo com um centenário jequitibá gigante

Em sentido horário a partir do alto à esquerda, Leo com o eletricista Leandro do Valle (de amarelo) e o empreiteiro Jaime dos Santos; com Luiz Velloso e o arquiteto da Reserva Marinho Velloso; com o caseiro Claudemir dos Santos, o Claudio; e com a escritora Gisele Mirabai. Na página ao lado, com o consultor ambiental Roberto Mourão na viagem à Amazônia em que tudo começou

EMILY

Leo e o gestor de sustentabilidade Jorge Ferreira; na página ao lado, à vontade em meio à mata em regeneração

Agradecimentos

Este livro não seria possível sem a parceria da minha querida amiga e escritora Gisele Mirabai, com sua imaginação e dedicação visionária às pesquisas para o projeto da Reserva Chão de Estrelas. Agradeço também a meu querido amigo e parceiro de expedições amazônicas Roberto Mourão, pelos ensinamentos e sabedoria sobre a conservação ambiental. A Jorge Ferreira, pela implementação da agrofloresta e hortas medicinais e por sua paixão contagiante pela natureza. A meu amigo Marinho, arquiteto e companheiro de boas conversas. A Cláudio, meu incansável companheiro de trabalho e de trilhas, na construção e cuidados diários com o projeto. A Jaime e a todos os trabalhadores da Reserva, pela determinação e execução maestral nas obras da sede. A Velloso, grande filósofo da natureza, com quem tive o prazer de conviver e compartilhar ideias. A Roberto Klabin, por seus conselhos e sua experiência que tanto clarearam o caminho para trilhar este novo solo repleto de árvores. À inseparável Agnes Zaveri, pelas fotografias. E à Unigel, por ser a primeira mantenedora da Reserva Chão de Estrelas, com seu suporte fundamental e determinante para a realização deste sonho ambiental.

Edição de texto: Tato Coutinho
Projeto gráfico e capa: Paula Carvalho
Fotografias: Agnes Zaveri

Nesta edição, respeitou-se o Acordo Ortográfico da Língua Portuguesa de 1990, em vigor no Brasil desde 2009.

Slezynger, Leo
Chão de Estrelas – Uma Jornada pela Regeneração da Mata Atlântica / Leo Slezynger. – São Paulo : Livros de Família, 2021.
ISBN 978-65-992745-3-4
1. Educação ambiental 2. Mata Atlântica 3. Mata Atlântica (Brasil) – Fotografias 4. Mata Atlântica (Brasil) Preservação 5. Meio ambiente 6. Sustentabilidade I. Título.

21-95776 CDD-333.7517

Índices para catálogo sistemático:
1. Mata Atlântica : Conservação e proteção 333.7517 Aline Graziele Benitez - Bibliotecária - CRB-1/3129Aline Graziele Benitez – Bibliotecária – CRB-1/3129

As fontes usadas foram a Freight para o texto, Apercu para as legendas e a Brick para os títulos. O papel usado para o miolo foi o Pólen Soft e a impressão foi da Gráfica Santa Marta.

www.livrosdefamilia.com.br